I0696408

Alexia Lenoir

À la découverte des mystères de notre monde

Un voyage dans le temps et l'inconnu

"La science, c'est le moyen de comprendre les mystères du monde, la poésie, c'est le moyen de les célébrer."

Richard Feynman

Sommaire

Introduction

Bienvenue dans un voyage extraordinaire à travers les âges et les recoins les plus mystérieux de notre planète. Dans les pages qui suivent, nous partirons à la recherche des énigmes qui ont fasciné l'humanité depuis des millénaires. « À la découverte des mystères de notre monde : Un voyage dans le temps et l'inconnu" est un billet pour un périple en quête de réponses, un voyage qui nous emmènera aux confins de l'histoire et de la curiosité humaine.

Depuis les premières lueurs de la civilisation, les êtres humains ont été intrigués par les mystères qui les entourent. Que ce soit dans les profondeurs de la terre ou dans les cieux étoilés, dans les légendes oubliées ou dans les cartes dessinées à la main, l'énigme a été notre compagne constante. Notre quête de compréhension nous a poussés à explorer les coins les plus reculés de notre planète, à déchiffrer des langues oubliées et à braver l'inconnu avec audace.

Ce livre est une invitation à plonger dans le passé, à explorer les mystères qui ont façonné notre histoire, et à rêver de l'avenir, où les secrets inexplorés attendent patiemment d'être découverts. Nous nous aventurerons dans des jungles mystérieuses, gravirons les sommets des montagnes, plongerons dans les abysses océaniques et explorerons les ruines oubliées de civilisations perdues. Nous nous pencherons également sur les énigmes modernes, des phénomènes paranormaux aux découvertes archéologiques récentes, cherchant toujours à comprendre le monde qui nous entoure.

Alors que nous entreprenons ce voyage ensemble, gardez à l'esprit que les réponses ne sont pas toujours la destination ultime. Parfois, c'est le voyage lui-même qui révèle la magie des mystères non résolus. Préparez-vous à être émerveillé, à être intrigué et à être inspiré, car chaque page de ce livre vous rapprochera un peu plus de la vérité, et vous donnera envie d'explorer le monde avec un regard neuf.

Que ce voyage à travers « Les mystères de notre monde" soit pour vous une source d'émerveillement, d'inspiration et de découverte continue. Bienvenue à bord de cette aventure inoubliable.

Chapitre 1

Les origines perdues.

Dans les ombres lointaines de notre passé, des mystères énigmatiques attendent d'être révélés. C'est ici que commence notre voyage, dans le temps et l'imaginaire, à la recherche des origines perdues qui ont façonné l'humanité.

Les premières énigmes de l'humanité.

Imaginez-vous transportés dans un lointain passé, dans les confins des vastes savanes africaines. Le soleil brille implacablement, tandis que la nature éveille la curiosité et l'interrogation des premiers êtres humains. Ils se tiennent debout, leurs regards emplis de fascination et d'appréhension, face à un monde qu'ils ne comprennent pas encore.

Ces premiers êtres humains, nos ancêtres, sont aux prises avec des énigmes qui défient leur compréhension naissante. Le ciel nocturne s'étend au-dessus d'eux, constellé d'étoiles brillantes. Les étoiles, ces points lumineux dans l'obscurité, semblent danser d'une manière mystérieuse, suivant des trajectoires invisibles. Pourquoi, se demandent-ils, ces étoiles se déplacent-elles à travers le firmament ?

Et puis il y a le feu, cette force élémentaire qui peut à la fois réchauffer et dévorer. Comment peut-on apprivoiser ce pouvoir élémentaire ? Comment peut-on le capturer et le maîtriser ?

Dans les profondeurs de la forêt, des cris d'animaux retentissent, énigmatiques et inquiétants. Nos ancêtres se demandent : que cachent ces bruits ? Y a-t-il un moyen de comprendre le langage des bêtes sauvages, de prédire leurs comportements, et de s'assurer que la chasse sera fructueuse ?

Ces questions ancestrales, qui résonnent encore aujourd'hui dans notre propre quête de connaissance, ont enflammé l'imagination de ces premiers explorateurs de la vie. Ils ont commencé à observer le ciel, à compter les jours et les nuits, à chercher des motifs dans les étoiles scintillantes. Leurs observations, rudimentaires mais perspicaces, étaient les premières étincelles de la science.

Lorsqu'ils ont réussi à maîtriser le feu, ce fut une révélation. Ce pouvoir, qui pouvait apporter chaleur et protection, devint un compagnon fidèle dans leur lutte pour survivre dans un monde sauvage. Le feu est devenu un symbole de la maîtrise de l'énigme et du triomphe sur l'inconnu.

Et puis il y avait les sons de la nature, les murmures du vent, les grondements du tonnerre, les chants des oiseaux. Les premiers êtres humains ont commencé à imiter ces sons, à créer des rythmes et des mélodies. La musique est née de la volonté de comprendre, d'exprimer et de communiquer avec le monde qui les entourait.

Ces premières énigmes de l'humanité étaient autant de portes ouvertes vers la connaissance, des fenêtres donnant sur un univers mystérieux et inexploré. Les réponses à ces questions étaient les clés de leur survie, mais elles étaient aussi les prémices de notre quête incessante de compréhension. Ces énigmes ont façonné notre évolution, ont allumé la flamme de la curiosité qui brûle encore aujourd'hui dans nos cœurs d'explorateurs.

Alors que nous avançons dans notre voyage à la découverte des mystères de notre monde, souvenons-nous de ces premières énigmes qui ont inspiré notre quête de connaissance. Elles étaient le point de départ, la première étincelle de la passion qui nous pousse à explorer l'inconnu.

Imaginez-vous aux côtés de nos ancêtres, scrutant le ciel nocturne, traquant les étoiles et les constellations qui, à l'aide de simples bâtons et de pierres, se transformaient en cartes célestes rudimentaires. Ces premiers astronomes primitifs cherchaient à percer les secrets du cosmos, à déchiffrer les mouvements des astres, à prédire les saisons et les changements climatiques. Ils étaient des pionniers, des chercheurs intrépides, épris d'une passion inextinguible pour les étoiles et les mystères du cosmos.

L'obscurité de la nuit était leur laboratoire, et chaque étoile une énigme à résoudre. Ils ont découvert des cycles célestes, des éclipses, des conjonctions planétaires, et ils ont transmis ces connaissances, de génération en génération, par voie orale, sous la forme de contes et de légendes. Ainsi est née l'astronomie, la science des étoiles, une quête qui a conduit à des découvertes qui ont changé notre compréhension de l'univers.

Les énigmes des étoiles et du cosmos sont restées gravées dans notre ADN, et elles continuent de nous intriguer. Lorsque nous levons les yeux vers le ciel nocturne, nous contemplons les mêmes astres qui ont fasciné nos ancêtres. Nos télescopes modernes nous permettent de percer encore plus profondément les secrets de l'univers, mais la passion pour l'astronomie, cette quête de compréhension de notre place dans l'univers, reste la même.

Le feu, cette énergie élémentaire que les premiers humains ont appris à maîtriser, est une autre énigme qui a captivé leur imagination. Imaginez-vous assis autour d'un feu de camp, les flammes dansant dans la nuit, créant une atmosphère chaleureuse et protectrice. Pour ces premiers explorateurs du feu, c'était une source de confort, mais aussi un mystère à résoudre.

Comment le feu se formait-il ? Comment pouvait-on le préserver et le faire durer ? Comment pouvait-il être utilisé pour cuire de la nourriture, fournir de la chaleur et éclairer l'obscurité ? Ces questions ont conduit à des expérimentations audacieuses, à la découverte de matériaux inflammables, et à la maîtrise de l'art de l'allumage.

Le feu est devenu un élément central de la vie humaine, un symbole de la persévérance et de la créativité. C'est grâce à la maîtrise du feu que nos ancêtres ont pu survivre dans des environnements hostiles et prospérer. Aujourd'hui, le feu demeure un élément essentiel de notre existence, source d'énergie, de chaleur et de célébration.

L'exploration des sons de la nature, la musique primitive qui a émergé de ces expérimentations sonores, est une autre énigme qui a marqué nos premiers pas en tant qu'êtres humains. Imaginez-vous au cœur d'une forêt ancienne, écoutant les murmures du vent dans les arbres, les chants mélodieux des oiseaux et le grondement du tonnerre lors d'un orage. Ces sons, mystérieux et enchanteurs, étaient une source de fascination pour nos ancêtres.

Ils ont commencé à imiter ces sons, à créer des rythmes et des mélodies en utilisant des tambours primitifs, des flûtes en os et leur propre voix. La musique est née de la nécessité de comprendre, d'exprimer et de communiquer avec le monde qui les entourait. Elle est devenue un moyen de célébrer la vie, de rendre hommage à la nature et de transmettre des histoires et des légendes.

Ainsi, la musique est devenue un langage universel qui transcende les frontières culturelles et linguistiques. Elle continue de captiver notre imagination, de susciter des émotions profondes et de nourrir notre âme d'explorateurs.

Les premières énigmes de l'humanité étaient le point de départ de notre quête de connaissance, de notre passion pour l'exploration du monde qui nous entoure. Les réponses à ces questions anciennes ont ouvert la voie à des découvertes qui ont changé le cours de l'histoire humaine. Aujourd'hui, nous sommes les héritiers de cette curiosité innée, de cette passion pour l'inconnu, qui continue de nous pousser à explorer, à comprendre et à célébrer les mystères de notre monde.

Alors, en cette ère moderne d'exploration scientifique et de découvertes technologiques, rappelons-nous toujours les premières énigmes de l'humanité qui ont embrasé notre esprit d'aventure. Elles étaient le point de départ de notre voyage en tant qu'explorateurs, et elles continuent de guider notre chemin vers l'infini des possibilités inexplorées.

Les mystères des premiers peuples.

Au cours de notre voyage fascinant à travers les énigmes de notre monde, nous nous sommes aventurés dans les savanes de l'Afrique où les premières énigmes de l'humanité se sont posées. À présent, nous entrons dans l'univers envoûtant des premiers peuples, des gardiens des traditions ancestrales et des gardiens de secrets millénaires.

Imaginez-vous dans un monde où les rythmes de la nature dictent la vie quotidienne, où les étoiles dans le ciel sont considérées comme des guides divins, et où chaque élément de la terre est imprégné de mysticisme. Les premiers peuples étaient intimement liés à leur environnement, à la faune, à la flore et aux éléments naturels qui les entouraient. Leurs croyances et leurs rituels étaient une tentative de comprendre et de communiquer avec ces forces mystérieuses.

Parmi ces peuples, les chamans étaient des figures énigmatiques, des intermédiaires entre le monde des humains et le monde des esprits. Ils pouvaient communiquer avec les esprits des ancêtres, invoquer des visions et guider leurs communautés à travers les défis de la vie. Les chamans étaient des explorateurs du monde spirituel, des détenteurs de connaissances ésotériques qui défiaient la compréhension.

Les traditions chamaniques se sont perpétuées à travers les âges, préservant des rituels mystérieux, des incantations secrètes et des objets rituels sacrés. Même aujourd'hui, certaines sociétés préservent ces traditions, perpétuant l'héritage des premiers peuples.

Et puis il y avait les constructions mégalithiques, ces monuments énigmatiques qui se dressent dans des endroits reculés du monde. Imaginez-vous debout devant les pierres géantes de Stonehenge, les moaïs de l'île de Pâques, ou les pyramides d'Amérique centrale. Ces structures massives, créées par des sociétés anciennes, suscitent des questions sans fin.

Comment ces civilisations anciennes ont-elles réussi à transporter et à ériger de telles pierres colossales ? Quelle signification avaient ces monuments ? Pourquoi ont-ils été construits dans des endroits spécifiques, en alignement avec des phénomènes astronomiques ? Les réponses à ces questions sont autant de mystères qui persistent, des énigmes qui nous invitent à plonger plus profondément dans l'histoire de l'humanité.

Les premiers peuples avaient également leurs propres croyances et mythes sur la création du monde, sur les dieux et les déesses, sur les forces de la nature. Ces récits étaient des témoignages de leur compréhension du monde qui les entourait, et ils contiennent encore des indices sur les mystères de l'univers.

Au cœur de ces mythes, on trouve souvent des figures mythologiques intrigantes, telles que le dieu créateur, le serpent cosmique, ou la déesse mère. Ces archétypes se retrouvent dans des cultures du monde entier, témoignant d'une connexion profonde entre les peuples anciens et les mystères de la création.

Nous nous sommes aventurés dans le monde des premiers peuples, des gardiens de traditions anciennes et de secrets qui continuent à nous captiver. Leurs croyances, leurs rituels et leurs constructions mystérieuses sont des témoignages de la profondeur de leur compréhension du monde. En explorant leur héritage, nous sommes invités à réfléchir aux questions fondamentales de la vie, de la mort et du sens de notre existence.

Alors que nous continuons notre voyage dans « Les mystères de notre monde », souvenons-nous de la sagesse des premiers peuples et des mystères qu'ils ont préservés. Leurs récits, leurs rituels et leurs constructions nous invitent à explorer notre propre quête de compréhension, à plonger dans les mystères de notre existence et à honorer le passé qui continue de nous inspirer.

La disparition de civilisations anciennes.

Nous entrons dans un territoire empreint de fascination et d'intrigue : la disparition de civilisations anciennes. Imaginez-vous dans une jungle impénétrable, aux abords d'une cité oubliée, ou au bord des eaux ténébreuses d'une cité engloutie. Ces récits de civilisations perdues évoquent des images de grandeur et de mystère, mais aussi de tragédie et de mystère.

Les ruines antiques, témoins silencieux du passé, nous rappellent que de grandes civilisations ont autrefois prospéré, laissant derrière elles des vestiges qui continuent de nous défier. Parmi les plus célèbres, les pyramides d'Égypte se dressent majestueusement dans le désert, défiant le temps et les éléments. Ces structures colossales ont été érigées par une civilisation qui avait atteint des sommets de sophistication, mais dont les secrets demeurent en grande partie non résolus.

Les énigmes qui entourent la construction des pyramides, les connaissances avancées en mathématiques et en astronomie des anciens Égyptiens, et les mystères des hiéroglyphes gravés sur les murs des temples continuent de susciter l'admiration et l'interrogation. Comment ont-ils réussi à construire de telles merveilles architecturales sans l'aide des machines modernes ? Pourquoi ces monuments étaient-ils construits et que signifiaient-ils pour les anciens Égyptiens ?

L'Égypte n'est que la pointe de l'iceberg des civilisations anciennes qui ont laissé leur empreinte dans les sables du temps. L'empire inca, avec sa cité légendaire de Machu Picchu perchée au sommet des montagnes andines, nous intrigue également. Comment ces gens ont-ils construit une cité à une telle altitude, et à quelles fins ? La réponse à ces questions reste enveloppée de mystère.

Et puis il y a les légendes d'Atlantide, cette cité insaisissable qui aurait sombré dans les abysses de l'océan. Le philosophe grec Platon a évoqué cette île mythique, décrivant une civilisation avancée dont la disparition soudaine a alimenté notre fascination pour les cités englouties. Était-ce un conte ou une réalité perdue dans le tumulte des temps anciens ?

Les cités englouties ne se limitent pas à l'Atlantide. Des vestiges de civilisations mystérieuses ont été découverts sous les eaux de la mer Méditerranée, du golfe du Mexique et de la mer Noire, nous rappelant que les eaux profondes de notre planète cachent encore d'innombrables secrets. Qu'est-ce qui a provoqué la disparition de ces cités ? Quels trésors et connaissances pourraient être préservés sous les vagues ?

Ces mystères des civilisations anciennes sont les énigmes qui nous obsèdent, qui nous poussent à explorer, à fouiller, à plonger dans les profondeurs de l'histoire. Chaque pierre sculptée, chaque poterie, chaque artefact nous offre un aperçu d'un monde qui a existé il y a longtemps, mais qui continue de nous inspirer aujourd'hui.

Nous nous tenons au bord de ces ruines anciennes, éblouis par la grandeur et la complexité de ces civilisations perdues. Nous nous demandons pourquoi elles ont disparu, quelles leçons nous pouvons en tirer, et si elles détiennent des réponses aux questions qui continuent de nous hanter.

Imaginez-vous à bord d'un bateau, voguant sur les eaux ténébreuses de la mer Noire. Vous savez que sous ces vagues tranquilles se cache un monde perdu, une civilisation antique dont l'histoire reste enfouie dans les abysses. Les archéologues sous-marins, tels des explorateurs modernes, plongent dans les profondeurs pour exhumer des trésors perdus depuis des millénaires.

L'une de ces découvertes les plus fascinantes est l'épave du bateau d'Uluburun, un navire datant de plus de 3 300 ans, découvert au large des côtes de la Turquie. Ce vaisseau renfermait un trésor d'artefacts provenant de civilisations aussi éloignées que l'Égypte, la Crète et le Liban. Comment un bateau antique a-t-il pu traverser de telles distances et échanger des biens précieux avec des cultures lointaines ?

À des milliers de kilomètres de là, dans la jungle du Guatemala, se trouve l'ancienne cité maya de Tikal. Ces pyramides et ces temples gigantesques ont été ensevelis pendant des siècles sous la végétation luxuriante. Les Mayas, une civilisation étonnamment avancée, ont construit ces structures sans l'aide de la technologie moderne. Les hiéroglyphes qui ornent les monuments mayas nous invitent à déchiffrer leur histoire et leurs mystères.

Le mystère de la cité maya de Tikal s'étend au-delà de ses structures monumentales. Pourquoi cette cité a-t-elle été abandonnée ? Quelle catastrophe naturelle ou changement culturel a pu entraîner la chute d'une civilisation aussi impressionnante ? Les réponses se cachent dans les archives enfouies sous la jungle, dans les témoignages sculptés dans la pierre.

Dans les plaines du Pérou se trouve une autre énigme fascinante : les lignes de Nazca. Imaginez-vous survolant le désert, contemplant d'énormes figures géométriques et des dessins d'animaux tracés dans le sol aride. Comment ces lignes ont-elles été créées et dans quel but ? Les chercheurs se débattent avec ces questions depuis des décennies, et les réponses semblent se cacher dans le paysage désertique lui-même.

Ces mystères des civilisations anciennes sont comme des étoiles dans la nuit, des énigmes qui nous invitent à percer les ténèbres du passé. Nous nous tenons à la lisière de ces découvertes, prêts à plonger plus profondément dans les profondeurs de l'histoire humaine. Chaque indice, chaque artefact, chaque monument est une pièce du puzzle, une invitation à percer les secrets de notre passé.

Alors que nous plongeons plus profondément dans les mystères des civilisations anciennes, nous rencontrons également des vestiges fascinants de l'histoire enfouie dans les sables du temps. Imaginez-vous dans la région de Göbekli Tepe, en Turquie, où des archéologues ont découvert un site préhistorique énigmatique datant de plus de 11 000 ans. Les piliers en forme de T, ornés de sculptures complexes, défient notre compréhension des débuts de la civilisation humaine. Pourquoi des gens de l'âge de pierre auraient-ils entrepris la construction d'un tel lieu sacré ? Ces énigmes continuent de nous pousser à repenser nos théories sur l'évolution de la société humaine.

L'île de Pâques, perdue au milieu de l'océan Pacifique, abrite une énigme monumentale : les moaïs. Imaginez-vous debout devant ces statues de pierre gigantesques, sculptées et transportées par une civilisation insulaire isolée. Comment ont-ils réussi à créer et à déplacer ces colosses de pierre ? Quelle signification avaient ces statues pour le peuple de l'île de Pâques ?

Et puis il y a l'énigme de la disparition des civilisations anciennes d'Amérique centrale, telles que les Aztèques et les Mayas. Imaginez-vous être témoin de la chute de la ville aztèque de Tenochtitlan, conquise par les conquistadors espagnols en 1521. Comment une civilisation aussi avancée a-t-elle pu être défaite par un groupe étranger ? Les réponses à ces questions se trouvent dans les témoignages laissés par les conquérants et les conquistadors, ainsi que dans les mythes et légendes transmis par les peuples autochtones.

Ces énigmes des civilisations anciennes sont des portes ouvertes vers l'histoire de l'humanité, des invitations à explorer les mystères de notre passé. Chaque découverte, chaque indice, chaque récit nous rapproche un peu plus de la compréhension des peuples qui ont forgé notre monde. Nous sommes des explorateurs du temps, déterminés à dévoiler les secrets enfouis dans les sables de l'histoire. Souvenons-nous que ces récits sont le reflet de notre propre histoire, de notre évolution en tant qu'êtres humains. Ils nous rappellent la complexité de notre monde, la persistance de l'inconnu et la quête éternelle de la connaissance.

Chapitre 2

Les trésors enfouis.

Nous nous aventurons maintenant dans le domaine fascinant des trésors enfouis. Imaginez-vous au cœur d'une forêt dense, à la recherche de légendaires trésors perdus, de richesses cachées, et de reliques oubliées. Ces quêtes pour l'inestimable sont animées par la promesse d'aventure, de découverte, et de trésors qui défient l'imagination.

À la recherche de l'or et des reliques.

Nous sommes au cœur d'une jungle luxuriante, les feuilles des arbres épaisses au-dessus de vous, le sol boueux sous vos pieds. Les rayons du soleil percent à peine à travers le feuillage dense. Vous êtes sur les traces de légendaires trésors, de richesses enfouies dans les profondeurs de la nature sauvage. Les échos de l'histoire résonnent dans chaque feuille bruissant, dans chaque murmure de la brise.

La quête de l'or a animé les esprits des explorateurs depuis des temps immémoriaux. Imaginez-vous dans les pas de conquistadors espagnols, traversant les vastes étendues de l'Amérique du Sud à la recherche de l'El Dorado, la cité mythique de l'or. Les récits d'abondance dorée ont poussé ces intrépides aventuriers à affronter la jungle impénétrable, les maladies mortelles et les tribus indigènes hostiles. Ils étaient prêts à tout pour mettre la main sur le précieux métal jaune.

L'El Dorado n'était que l'une des nombreuses légendes de trésors perdus. Imaginez-vous plongé dans le mystère du trésor des Templiers, un trésor que les chevaliers de l'ordre des Templiers auraient caché après leur arrestation et leur exécution au 14e siècle. Des parchemins anciens, des indices ésotériques et des récits de conspiration ont alimenté la quête incessante de ces richesses mystérieuses.

Et puis il y a le Saint Graal, la coupe qui aurait recueilli le sang du Christ lors de la crucifixion. Imaginez-vous sur les traces du légendaire roi Arthur, du chevalier Lancelot et de la quête du Graal, un récit chevaleresque imprégné de mysticisme. Les aventuriers ont sillonné des paysages spectaculaires, des forêts enchantées aux châteaux majestueux, à la recherche de cette relique sacrée.

La quête de l'or et des reliques est une aventure à la fois excitante et périlleuse, une plongée dans les mystères de l'histoire et de la légende. Les chercheurs de trésors modernes continuent de fouiller, de creuser et de décrypter les indices laissés par ceux qui les ont précédés, espérant découvrir ces trésors cachés qui ont tant captivé l'imaginaire humain.

Nous sommes entraînés dans cette quête fiévreuse, conscients que chaque indice, chaque artefact, chaque récit énigmatique nous rapproche un peu plus de la vérité. Les trésors enfouis, qu'ils soient dorés ou sacrés, représentent la quintessence de l'aventure, une invitation à plonger dans les profondeurs de l'histoire et de la légende, à explorer les recoins les plus secrets de notre monde.

La quête de l'or et des reliques, tout comme les aventures des explorateurs intrépides, nous transporte dans des mondes énigmatiques, où le passé et le présent se mêlent en une danse fascinante. Imaginez-vous dans les montagnes brumeuses de l'Amérique du Sud, où des ruines anciennes sont dissimulées dans les vallées inaccessibles. Les récits d'anciennes civilisations auréolées de richesses attirent des chercheurs modernes, prêts à défier les éléments pour trouver des vestiges du passé.

Et puis il y a les mystères des trésors engloutis sous les eaux océaniques. Imaginez-vous plonger dans les profondeurs abyssales, explorer des épaves de navires légendaires, à la recherche de cargaisons précieuses englouties. Les épaves de navires pirates, de galions espagnols chargés d'or, et de vaisseaux marchands chargés de trésors cachent des richesses insoupçonnées, attendant d'être découvertes par les chasseurs de trésors sous-marins.

Les trésors enfouis sont également liés à des mystères géographiques, à des lieux légendaires où la terre elle-même devient le gardien de richesses incommensurables. Imaginez-vous aux pieds des montagnes des Andes, à la recherche de l'entrée secrète de la mine de Potosí, la montagne mythique qui aurait fourni d'énormes quantités d'argent à l'empire espagnol. Les histoires de richesses inimaginables cachées dans les profondeurs de la terre ont incité des générations d'aventuriers à se lancer dans des expéditions risquées.

La quête de l'or et des reliques, c'est aussi l'histoire de ceux qui ont consacré leur vie à ces recherches passionnantes. Imaginez-vous aux côtés de Howard Carter, pénétrant dans la tombe scellée du jeune pharaon Toutânkhamon. Lorsque les portes antiques se sont ouvertes pour la première fois, elles ont révélé un trésor inestimable et des indices sur la vie et la mort de ce souverain égyptien.

Ces histoires de trésors, d'or étincelant et de reliques sacrées nous rappellent que notre monde est un lieu de mystère et de fascination perpétuels. Chaque chasse au trésor est une aventure captivante, un voyage dans le temps qui nous permet de percer les secrets de l'humanité. Les chercheurs de trésors sont des explorateurs modernes, des gardiens de la mémoire collective, des détectives déterminés à découvrir les richesses cachées de notre histoire.

Gardons à l'esprit que ces quêtes sont bien plus que la recherche de richesses matérielles. Elles sont le reflet de notre soif insatiable de connaissances, de notre désir de comprendre les mystères qui nous entourent, et de notre volonté inébranlable de repousser les limites de l'exploration humaine.

Les chasseurs de trésors célèbres.

Vous êtes dans l'obscurité d'une crypte vieille de plusieurs siècles, la lueur vacillante d'une bougie dans une main, un souffle retenu tandis que l'excitation monte. Vous êtes aux côtés de l'un des chasseurs de trésors les plus célèbres de l'histoire, Howard Carter, dans la vallée des Rois en Égypte. La porte scellée de la tombe de

Toutânkhamon résiste depuis des millénaires, et en ce moment précis, le monde retient son souffle. Quand cette porte s'ouvrira, elle révélera non seulement un trésor archéologique exceptionnel, mais aussi une leçon sur la persévérance.

Howard Carter a passé des années à fouiller le désert aride, guidé par son intuition et son immense passion pour l'Égypte ancienne. En 1922, sa patience et son dévouement ont été récompensés lorsque la tombe du jeune pharaon Toutânkhamon a été découverte. À l'intérieur, un trésor doré et des artefacts d'une valeur inestimable ont été dévoilés, éblouissant le monde et jetant une lumière nouvelle sur l'histoire antique.

Un autre chasseur de trésors légendaire, Heinrich Schliemann, nous transporte dans le monde de la Grèce antique. Imaginez-vous à Troie, une cité que l'on croyait jusqu'alors purement mythique. Schliemann était convaincu que Troie était réelle, et il a entrepris des fouilles acharnées dans la région de Hisarlik, en Turquie moderne. Ses découvertes ont prouvé l'existence de cette cité antique et ont bouleversé notre compréhension de l'histoire grecque.

Et que dire de Hiram Bingham, l'homme qui a révélé au monde la cité perdue des Incas,

Machu Picchu, en 1911 ? Imaginez-vous aux côtés de Bingham, escaladant les montagnes abruptes des Andes, explorant des sentiers oubliés depuis des siècles. Sa découverte a ouvert une fenêtre sur l'incroyable civilisation inca et a ajouté une page majeure à l'histoire de l'exploration.

Explorons davantage les destins fascinants de certains chasseurs de trésors de renom qui ont laissé une empreinte indélébile dans l'histoire de l'archéologie et de l'aventure.

Mel Fisher - L'aventurier des mers : Mel Fisher est connu pour sa quête sans relâche du trésor du Nuestra Señora de Atocha, un galion espagnol chargé de richesses qui a sombré dans les eaux de Floride en 1622. Pendant plus de 15 ans, Fisher et son équipe ont plongé dans les profondeurs marines, bravant les tempêtes et les défis de la mer pour découvrir un trésor inestimable de pièces d'or, d'argent et de joyaux.

Roy Chapman Andrews - L'Indiana Jones de la vie réelle : Andrews est célèbre pour ses expéditions en Mongolie dans les années 1920, où il a découvert les premiers fossiles de dinosaures oeufs. Il a également dirigé des fouilles qui ont mis au jour des spécimens du légendaire dinosaure Velociraptor. Ses aventures paléontologiques ont réécrit l'histoire de l'évolution des dinosaures.

Jacques Cousteau - L'explorateur des profondeurs : Cousteau est mondialement connu pour ses explorations sous-marines et ses découvertes des trésors engloutis dans les océans. En plus d'avoir co-inventé le scaphandre autonome, il a dirigé l'expédition qui a retrouvé l'épave du navire de l'explorateur français La Pérouse en 1960.

Amelia Earhart - La pionnière de l'aviation disparue : Bien qu'elle soit principalement connue pour ses exploits dans l'aviation, Amelia Earhart était également une exploratrice intrépide. En 1937, lors de sa tentative de tour du monde en avion, elle a mystérieusement disparu au-dessus du Pacifique Sud. Sa disparition a depuis suscité de nombreuses théories et recherches pour retrouver son avion et ses précieuses archives.

Ces chasseurs de trésors célèbres incarnent la passion, la détermination et le désir de percer les mystères de notre passé. Leurs histoires nous rappellent que derrière chaque grande découverte se trouve un explorateur intrépide, prêt à tout pour dévoiler les secrets enfouis de l'histoire. Ils nous invitent à suivre leur exemple, à nourrir notre propre curiosité et à poursuivre notre quête inlassable de connaissances dans les coins les plus reculés de notre monde.

Les trésors cachés du monde.

Plongeons plus profondément dans l'univers fascinant des trésors cachés, des richesses insoupçonnées et des lieux mystérieux qui défient l'imagination.

Dans les profondeurs insondables des océans, un monde mystérieux attend d'être exploré. Les trésors engloutis représentent une facette envoûtante de notre planète, où des épaves de navires anciens et des cités perdues racontent des récits silencieux de temps révolus.

Imaginez-vous plonger sous la surface des eaux azurées, là où la lumière du soleil pénètre à peine. Les abysses marins cachent des trésors qui ont sombré dans l'oubli depuis des siècles. Des galions espagnols lourdement chargés d'or et d'argent aux navires pirates regorgeant de butin, les fonds marins abritent d'incroyables richesses.

Les chasseurs de trésors sous-marins descendent dans ces ténèbres avec des équipements sophistiqués, des caméras et des sonars pour traquer les vestiges de l'histoire. Ils défient les courants tumultueux, la pression écrasante et les dangers invisibles pour atteindre ces reliques précieuses du passé.

Chaque épave est une fenêtre ouverte sur une époque révolue, un fragment de l'histoire qui attend d'être découvert.

L'une des découvertes les plus célèbres est celle du SS Central America, un navire à vapeur qui a coulé en 1857 au large de la Caroline du Nord, emportant avec lui des milliers de pièces d'or fraîchement extraites de la ruée vers l'or de la Californie. La récupération de ce trésor a été une aventure en soi, marquée par la technologie de pointe et la ténacité des chasseurs de trésors.

Les cités englouties sont un autre aspect intrigant des trésors subaquatiques. Imaginez-vous marcher dans les rues pavées d'une ville antique qui a été engloutie par les flots. Des sites tels que Pavlopetri en Grèce ou Dwarka en Inde témoignent des civilisations anciennes qui ont été avalées par les océans. Ces découvertes sous-marines réécrivent l'histoire de l'humanité, dévoilant des connaissances sur des sociétés perdues depuis longtemps.

Le monde sous-marin est un royaume de mystère, un sanctuaire où les trésors cachés révèlent des récits inédits de courage, de tragédie et d'exploration. Les chasseurs de trésors sous-marins sont les gardiens de ces trésors enfouis, les archéologues des profondeurs qui nous rappellent que même les secrets les mieux gardés de notre histoire finissent par remonter à la surface, apportant avec eux des leçons du passé et des merveilles cachées.

Les montagnes et les déserts de notre planète sont truffés de mystères souterrains, de trésors enfilés comme des perles dans les entrailles de la terre. Ces endroits ont attiré des chercheurs intrépides et des aventuriers assoiffés de richesses depuis des siècles, créant des légendes qui défient le temps.

Située dans les montagnes des Andes, la mine de Potosí a été l'une des plus riches mines d'argent du monde pendant l'ère coloniale espagnole. Les histoires de richesses incalculables extraites de ces montagnes ont inspiré des quêtes épiques et des légendes de l'âge d'or de la piraterie. Aujourd'hui encore, l'exploration de ces galeries sombres et dangereuses attire les aventuriers en quête de fortune.

La mine Cullinan est le berceau de certains des plus grands diamants jamais découverts, dont le Cullinan I, connu sous le nom de Grande Étoile d'Afrique, la plus grande gemme taillée du monde. L'histoire de cette mine est marquée par des récits de découvertes extraordinaires et de fortunes inimaginables, mais aussi par le travail pénible et dangereux des mineurs qui y ont travaillé.

Les images de la mine de Serra Pelada, avec des milliers de mineurs escaladant des échelles en bois dans un trou béant, sont devenues emblématiques. Cette mine d'or a été le théâtre de fièvres de l'or dévorantes, où des hommes se sont aventurés dans des conditions brutales à la recherche de pépites précieuses. L'histoire de Serra Pelada est un récit époustouflant de la soif d'or et des extrêmes auxquels l'humanité est prête à aller pour le trouver.

Les mines de sel de Wieliczka sont un labyrinthe souterrain de galeries et de chambres sculptées dans le sel gemme. Ce site extraordinaire est non seulement une mine, mais aussi une œuvre d'art souterraine. Les mineurs ont créé des chapelles, des statues et des chandeliers en sel, ajoutant une dimension artistique à cette exploration souterraine.

Ces mines légendaires, chargées d'histoires de richesses incalculables, de labeur acharné et d'aventures extraordinaires, sont des témoins silencieux de l'empreinte que l'homme laisse sur la terre. Elles nous rappellent que même les trésors les plus cachés sont finalement dévoilés, que chaque pierre précieuse ou pépite d'or a son histoire à raconter, et que les profondeurs de la terre continuent d'intriguer et de fasciner ceux qui osent s'y aventurer.

Notre planète regorge de lieux mystérieux, éloignés des sentiers battus, qui défient l'exploration et éveillent notre curiosité. Ces endroits secrets, dissimulés dans les coins reculés du monde, nous invitent à plonger dans l'inconnu et à découvrir des trésors cachés.

Les entrées de grottes cachées se fondent souvent dans le paysage environnant, offrant peu d'indices quant à ce qui se trouve à l'intérieur. Imaginez-vous marcher dans l'obscurité de ces mondes souterrains, éclairé seulement par une lampe frontale, à la recherche de stalactites scintillantes, de lacs souterrains secrets et de chambres ornées de formations rocheuses étonnantes. Ces grottes révèlent des paysages souterrains dignes de contes de fées.

Certaines vallées éloignées et isolées restent préservées du monde moderne. Imaginez-vous marcher le long de sentiers escarpés, entourés par des montagnes imposantes et des forêts denses. Dans ces lieux secrets, on peut trouver des espèces rares de plantes, des animaux sauvages et des trésors naturels qui sont restés intacts pendant des générations.

Des forêts épaisses et impénétrables recouvrent des parties de notre planète, cachant des espèces inconnues et des écosystèmes fragiles. Les chercheurs d'aventures se risquent dans ces bois, espérant découvrir des trésors cachés, des anciennes ruines oubliées ou des créatures mystérieuses. Les régions éloignées, comme les déserts arides, les étendues glaciales et les îles lointaines, abritent des endroits secrets que peu de gens ont explorés. Imaginez-vous sur une île isolée, cherchant des vestiges de civilisations perdues ou des phénomènes naturels énigmatiques.

Certaines réserves naturelles ont été préservées de l'urbanisation et du développement, offrant un refuge aux espèces en danger et un écosystème intact. Les visiter, c'est comme entrer dans un autre monde, où la nature règne en maître.

Ces lieux secrets, où l'aventure et l'intrigue se mêlent, nous rappellent que notre planète est un lieu de merveilles inexplorées. Chaque coin obscur peut receler des trésors de beauté naturelle, d'histoire cachée ou de découvertes scientifiques. Ces lieux secrets nous invitent à sortir des sentiers battus, à embrasser la solitude de la nature et à découvrir les mystères que notre planète continue de nous révéler. Ils sont une invitation à l'exploration, à l'admiration silencieuse et au respect de la diversité incroyable de notre monde.

Les trésors cachés ne se limitent pas toujours à des richesses matérielles, mais englobent également des trésors artistiques et culturels d'une grande valeur. Ces trésors éveillent notre imagination, préservent notre histoire et témoignent de l'ingéniosité créative de l'humanité à travers les âges.

Les bibliothèques cachées, dissimulées dans des couvents anciens, des monastères reculés ou des palais oubliés, renferment des manuscrits précieux, des parchemins rares et des textes anciens. Ces bibliothèques sont des trésors de sagesse, où chaque page raconte une histoire.

Dans le monde, des collectionneurs passionnés dissimulent parfois leurs trésors artistiques dans des résidences privées. Ces collections privées peuvent abriter des peintures maîtresses, des sculptures exceptionnelles, des bijoux uniques et des objets d'art rares. Lorsqu'elles sont finalement dévoilées au public, elles offrent un aperçu de l'art et de la culture.

Les trésors artistiques peuvent également être victimes de vols audacieux. Les œuvres d'art volées sont souvent cachées pendant des décennies, circulant dans le marché noir de l'art. Les enquêteurs et les collectionneurs de renom se lancent parfois dans des missions pour retrouver ces œuvres perdues, ramenant ainsi ces trésors volés à leur place légitime.

Les trésors culturels ne se limitent pas toujours à des objets physiques. Ils peuvent également prendre la forme de traditions orales, de danses ancestrales, de chants traditionnels et de rituels sacrés. Ces trésors immatériels sont transmis de génération en génération, préservant ainsi la richesse culturelle de différentes communautés dans le monde.

Les sites archéologiques sont des trésors en soi, abritant des vestiges anciens qui nous permettent de mieux comprendre notre passé. Les découvertes archéologiques révèlent des artefacts, des monuments et des structures qui étaient enfouis depuis des siècles, fournissant des indices précieux sur les civilisations anciennes et leurs réalisations artistiques et culturelles.

Ces trésors artistiques et culturels sont des témoins vivants de la créativité humaine, de la diversité culturelle et de la richesse de notre histoire commune. Ils nous rappellent que l'art et la culture transcendent les frontières et que leur préservation est essentielle pour notre compréhension du monde. Chaque trésor culturel nous invite à explorer les traditions, les expressions artistiques et les histoires qui donnent vie à notre patrimoine culturel, tout en éveillant notre appréciation de la beauté et de la créativité qui nous entourent.

Certaines des découvertes les plus extraordinaires de notre histoire sont le fruit du hasard, des coïncidences fortuites qui ont révélé des trésors inattendus. Ces moments imprévus ont changé le cours de l'histoire et nous rappellent que parfois, la chance est du côté de ceux qui osent s'aventurer dans l'inconnu.

En 1939, alors que le pays était au bord de la Seconde Guerre mondiale, une découverte fortuite a eu lieu dans la petite ville de Sutton Hoo, en Angleterre. Lorsqu'une veuve, Edith Pretty, a demandé à des archéologues de fouiller une série de tertres funéraires sur sa propriété, ils ne s'attendaient pas à trouver une chambre funéraire royale saxon remplie de trésors inestimables, dont un bateau funéraire richement orné. Cette découverte a révélé un aperçu fascinant de la vie et de la culture des Anglo-Saxons du VIe siècle.

En 1940, quatre adolescents français ont fait une découverte extraordinaire en explorant une grotte près de Lascaux, dans le sud-ouest de la France. Ils sont tombés sur une série de peintures rupestres datant de plus de 17 000 ans, représentant des animaux préhistoriques avec un niveau de détail et de sophistication incroyable. Cette grotte est maintenant célèbre pour ses trésors artistiques préhistoriques, mais elle a été découverte par pur hasard.

En 1947, un jeune bédouin en quête d'une chèvre égarée a découvert une série de jarres contenant d'anciens manuscrits dans les grottes de Qumrân, près de la mer Morte en Israël. Ces manuscrits, connus sous le nom de manuscrits de la mer Morte, comprennent des textes bibliques et des écrits sectaires, offrant un aperçu important de la période du Second Temple.

En 1748, des ouvriers creusant un puits près de la ville de Pompéi, en Italie, ont accidentellement mis au jour les ruines de cette ancienne cité romaine ensevelie par l'éruption du Vésuve en 79 apr. J.-C. Pompéi est devenue l'une des découvertes archéologiques les plus importantes de l'histoire, offrant un aperçu précieux de la vie quotidienne à l'époque romaine.

Ces découvertes fortuites sont des rappels poignants que notre monde est rempli de trésors cachés qui attendent d'être révélés. Elles nous montrent que parfois, la curiosité, le hasard et la persévérance sont les clés pour découvrir les trésors les plus inattendus. Chacune de ces découvertes a éclairé notre compréhension de l'histoire, de la culture et de la créativité humaine, nous rappelant que l'aventure et la découverte peuvent surgir à tout moment, où que nous soyons sur cette planète fascinante.

Les trésors cachés du monde sont un rappel constant que notre planète est un lieu d'aventure et d'exploration perpétuelles. Chaque coin obscur, chaque coin reculé, chaque fond marin inexploré peut receler des trésors qui attendent d'être découverts par les esprits curieux et intrépides. Ils sont le témoin de la diversité des richesses de notre monde, matérielles et immatérielles, et de notre désir inextinguible de percer les mystères qui nous entourent. Les trésors cachés sont un appel à l'aventure, à l'investigation et à la découverte, nous rappelant que notre quête de connaissance est infinie.

Chapitre 3

L'énigme des anciennes civilisations.

Dans notre quête pour percer les mystères de notre monde, nous sommes souvent amenés à contempler les vestiges des civilisations anciennes. Ces énigmes du passé, façonnées par des mains depuis longtemps disparues, nous défient de comprendre les motivations, les techniques et les croyances qui ont donné naissance à ces merveilles du monde antique.

Les mystères de l'architecture antique.

Lorsque nous contemplons les vestiges de l'architecture antique, nous sommes transportés dans un monde où la grandeur se mesure en pierres colossales et en structures immenses. Chacune de ces merveilles architecturales représente un mystère à résoudre, une énigme qui continue de fasciner les chercheurs du monde entier.

Dans la jungle dense du Yucatan au Mexique, les pyramides mayas émergent majestueusement de la canopée verdoyante. Ces édifices monumentaux sont parmi les réalisations architecturales les plus impressionnantes de l'ancienne civilisation maya, et ils continuent de susciter des questions et des émerveillements.

Les Mayas, qui ont prospéré entre le VIe siècle avant J.-C. et le Xe siècle de notre ère, ont construit des pyramides qui étaient bien plus que de simples monuments. Imaginez-vous gravir les marches abruptes d'une de ces pyramides, vous sentant de plus en plus petit à mesure que vous atteignez le sommet. À l'instar de la pyramide de Tikal, ces structures massives étaient le cœur de la vie maya, à la fois des lieux de culte religieux, des observatoires astronomiques et des centres de pouvoir politique.

Ce qui rend les pyramides mayas encore plus mystérieuses, c'est la complexité de leur construction. Les ouvriers mayas transportent d'énormes blocs de calcaire à travers la jungle dense, les taillant avec une précision incroyable, puis les assemblant pour former ces édifices imposants. Les Mayas n'avaient pas de machines, mais ils avaient une connaissance exceptionnelle de l'astronomie, de la géométrie et de la physique, ce qui leur permettait de créer des structures parfaitement alignées avec les mouvements des étoiles.

À mesure que vous explorez ces pyramides, vous plonger dans l'histoire maya, une civilisation qui a atteint des sommets remarquables dans les domaines de l'art, de la science et de la culture. Les pyramides mayas servaient également de tombeaux pour les élites, renfermant des trésors et des offrandes destinés à accompagner les morts dans l'au-delà.

Lorsque vous observez le paysage depuis le sommet d'une pyramide maya, vous pourriez être un observateur maya ancien, scrutant les étoiles pour prédire les saisons, planifier les récoltes et interpréter le destin. Les pyramides mayas sont bien plus que des constructions de pierre ; elles sont des témoins du génie d'une civilisation qui a laissé une marque indélébile sur notre compréhension du monde et de notre place dans l'univers. Elles sont des portails vers le passé, des énigmes qui continuent de nous captiver et de nous inspirer à percer les mystères de l'histoire humaine.

Les temples d'Angkor Wat au Cambodge sont un exemple extraordinaire de l'architecture antique. Construits entre le IXe et le XVe siècle par l'empire khmer, ces temples sont parmi les réalisations architecturales les plus éblouissantes de l'histoire.

Le complexe d'Angkor Wat s'étend sur une vaste étendue, couvrant plus de 400 acres, et compte des centaines de temples, de sanctuaires et de structures aux détails architecturaux exquis. En déambulant le long des larges allées bordées d'arbres, vous vous retrouvez enveloppé par la majesté de ces temples.

Les temples d'Angkor Wat sont célèbres pour leur symétrie parfaite, leurs proportions harmonieuses et leurs bas-reliefs finement ciselés qui racontent des histoires épiques et des scènes de la vie quotidienne à l'époque khmère. Imaginez-vous devant les cinq tours en forme de lotus du temple principal, se reflétant dans les eaux du bassin sacré au coucher du soleil, créant une image saisissante. L'une des énigmes les plus fascinantes des temples d'Angkor Wat réside dans leur construction. Comment les Khmers ont-ils réussi à ériger ces structures massives dans la jungle dense, utilisant des techniques de construction avancées pour canaliser l'eau et créer un système hydraulique sophistiqué ?

Chaque temple a sa propre histoire à raconter. Imaginez-vous explorer les dédales du temple de Ta Prohm, où les racines d'arbres centenaires ont englouti les murs de pierre, créant un tableau saisissant de la nature reprenant ses droits sur l'architecture humaine.

Les temples d'Angkor Wat sont également des témoins de la spiritualité et de la culture khmères. Imaginez-vous dans le temple de Bayon, avec ses visages sculptés souriants, qui représentent probablement le roi Jayavarman VII, démontrant l'importance de la dévotion religieuse dans la vie khmère.

En explorant ces temples extraordinaires, vous avez l'impression de voyager dans le temps, plongeant dans l'histoire d'une civilisation qui a atteint des sommets remarquables dans les domaines de l'art, de la science et de la culture. Les temples d'Angkor Wat sont bien plus que de simples vestiges du passé ; ce sont des joyaux architecturaux qui continuent d'inspirer et d'émerveiller les voyageurs du monde entier.

Le Taj Mahal, situé en Inde, est un chef-d'œuvre architectural qui se dresse comme un hommage à l'amour éternel. Construit au XVIIe siècle par l'empereur moghol Shah Jahan en mémoire de sa femme bien-aimée, Mumtaz Mahal, ce mausolée en marbre blanc est un symbole intemporel de la beauté et de la dévotion.

Chaque détail du Taj Mahal est une

démonstration de la perfection artistique. Les proportions équilibrées, les incrustations de pierres précieuses, les motifs floraux délicats et les calligraphies du Coran qui ornent les murs sont autant de témoignages de l'artisanat exceptionnel qui a façonné ce monument. Les reflets changeants du Taj Mahal dans les eaux du Yamuna lui confèrent une aura mystique, créant des images inoubliables à chaque heure de la journée.

Le mystère du Taj Mahal réside dans les techniques de construction qui ont permis de créer cette structure gracieuse et complexe. Comment les artisans moghols ont-ils réussi à tailler et à acheminer des milliers de blocs de marbre blanc depuis des carrières éloignées ? Comment ont-ils conçu une coupole centrale qui semble flotter en apesanteur ?

Mais le Taj Mahal est bien plus qu'un exploit architectural. Il est imprégné de romance et de tragédie, racontant l'histoire d'un amour profondément passionné. L'empereur Shah Jahan a ordonné la construction du Taj Mahal après la mort de Mumtaz Mahal lors de la naissance de leur quatorzième enfant. Son désir était de créer un mausolée qui refléterait la beauté de leur amour et qui serait digne de sa bien-aimée.

En explorant le Taj Mahal, vous ressentez

l'émotion de cette histoire d'amour éternelle. Vous imaginez Shah Jahan debout près de la tombe de Mumtaz Mahal, contemplant la structure qu'il a érigée en son honneur. Chaque recoin de ce monument raconte une histoire, rappelant que le Taj Mahal est bien plus qu'un trésor architectural, c'est une déclaration d'amour qui traverse les siècles.
Le Taj Mahal est l'un de ces lieux magiques qui continuent de captiver les visiteurs du monde entier. Il évoque la puissance de l'art, de la culture et de l'amour, et demeure un hommage immortel à la créativité humaine. Chaque visiteur qui contemple ce chef-d'œuvre ressent l'empreinte indélébile de l'histoire, de la passion et de la beauté.

Le Colisée, situé au cœur de Rome, se dresse comme un témoin imposant de la grandeur de l'Empire romain. Ce colossal amphithéâtre, construit au Ier siècle de notre ère, est un exemple remarquable de l'architecture romaine et de l'ingénierie avancée de l'époque. En explorant les gradins du Colisée, vous vous retrouvez immergé dans l'atmosphère vibrante des jeux de gladiateurs et des spectacles grandioses qui se déroulaient ici il y a des milliers d'années. Imaginez-vous parmi les milliers de spectateurs qui se rassemblaient pour assister à ces événements, tandis que les gladiateurs se battaient dans l'arène en contrebas.

La manière dont les Romains ont conçu et construit cet édifice continue d'impressionner. Les ingénieurs romains ont utilisé des techniques avancées pour créer une structure capable d'accueillir jusqu'à 80 000 spectateurs, avec un système complexe de gradins, de passages souterrains et de systèmes hydrauliques pour inonder l'arène ou créer des décors spectaculaires.

Le Colisée a également joué un rôle central dans la société romaine, reflétant le pouvoir et la grandeur de l'Empire. Imaginez-vous assistez à une inauguration impériale, où l'empereur lui-même aurait pu présider les festivités depuis une loge spéciale. Le Colisée était un lieu de divertissement, mais aussi de politique et de symbolisme, rappelant aux Romains leur domination sur le monde.

Aujourd'hui, en parcourant les ruines du Colisée, vous ressentez l'histoire qui imprègne chaque pierre. Vous imaginez les rugissements de la foule enthousiaste, les combats acharnés des gladiateurs et l'effervescence de l'Antiquité romaine. Le Colisée est bien plus qu'un monument en ruine ; c'est un témoignage vivant de l'ingéniosité humaine, de la culture et de l'héritage qui continue de nous fasciner et de nous inspirer.

Chacune de ces structures anciennes est une énigme, un testament de la persévérance humaine et de l'ingéniosité. Les civilisations antiques ont légué à l'humanité un héritage architectural qui soulève des questions sur leur vision du monde, leur technologie et leur spiritualité. Explorer les mystères de l'architecture antique, c'est plonger dans les profondeurs de notre histoire, en quête de réponses qui nous rapprochent de ces anciens génies et de leur capacité à bâtir des monuments éternels.

Les lignes de Nazca et d'autres énigmes mondiales.

Les lignes de Nazca, situées dans le désert aride du Pérou, sont l'une des énigmes les plus intrigantes du monde antique. Ces gigantesques géoglyphes, tracés sur le sol, représentent une variété de formes, notamment des animaux, des oiseaux et des motifs géométriques. Le mystère réside dans leur origine et dans le but de leur création.

Ces lignes, qui s'étendent sur des kilomètres, ont été tracées il y a plus de 2 000 ans, bien avant l'avènement de la technologie moderne.

Comment les anciens Nazcas, une civilisation précolombienne, ont-ils réussi à réaliser ces dessins monumentaux avec une telle précision et une telle échelle ?

Les lignes de Nazca sont composées de gigantesques géoglyphes, certains mesurant jusqu'à 370 mètres de long. Le désert aride de Nazca ne présente pratiquement aucune végétation, ce qui facilite la création de ces dessins en retirant simplement la couche supérieure du sol, révélant le sol plus clair en dessous. Les Nazcas ont utilisé une technique de « ligne droite » remarquablement précise, qui leur permettait de créer des dessins d'une grande régularité, malgré leur échelle monumentale.

Pour tracer les lignes avec une telle précision, les Nazcas ont probablement utilisé des outils en bois, en os ou en pierre, peut-être renforcés par des extrémités pointues de cactus ou des éclats d'obsidienne pour gratter la surface du sol. Ces techniques leur ont permis de créer des lignes droites parfaites sur de longues distances.

La question de l'alignement précis des géoglyphes reste toutefois une énigme. Comment les Nazcas ont-ils maintenu une telle précision sur des tracés aussi vastes et complexes ? Certains chercheurs suggèrent qu'ils ont utilisé des techniques de relevé astronomique en utilisant des points de repère célestes pour maintenir un alignement précis. D'autres pensent que des techniques géométriques avancées pourraient avoir été employées, mais les preuves directes font défaut.

Le mystère de l'objectif des lignes de Nazca reste tout aussi captivant. Pourquoi les Nazcas ont-ils investi tant de temps et d'efforts pour créer ces dessins monumentaux ? Les théories varient, allant de rituels religieux à des calendriers astronomiques en passant par des messages destinés aux dieux ou à d'autres civilisations. Sans documentation écrite, il est difficile de conclure définitivement leur objectif.

En fin de compte, les lignes de Nazca sont un témoignage de la créativité et de la perspicacité humaines dans l'Antiquité. Bien que le mystère de leur création reste partiellement non résolu, elles continuent d'émerveiller et d'intriguer les chercheurs et les visiteurs du monde entier. Ces géoglyphes nous rappellent que notre passé est riche en énigmes qui attendent d'être découvertes, et que la persévérance de la recherche archéologique peut nous aider à percer les secrets de civilisations anciennes fascinantes.

Les lignes de Nazca ne sont que l'une des énigmes mondiales qui suscitent l'admiration et l'intrigue. De Stonehenge en Angleterre, avec ses imposantes pierres dressées et son alignement astronomique, à l'île de Pâques et ses statues de pierre colossales, le monde est parsemé de monuments et de constructions anciennes qui continuent de défier notre compréhension.

Ces énigmes mondiales sont des rappels puissants de la richesse de la diversité culturelle de notre planète, de la créativité humaine et de la curiosité qui nous pousse à explorer les frontières de notre connaissance. Elles nous incitent à poser des questions, à rechercher des réponses et à continuer à élargir notre compréhension de l'histoire humaine, de la science et de la culture. En fin de compte, elles nous rappellent que le monde est un endroit étonnant, rempli de mystères qui attendent d'être découverts.

Chapitre 4

Les secrets des cartes anciennes.

L'art de la cartographie.

L'art de la cartographie remonte à l'aube de la civilisation. Les cartes anciennes, créées par des visionnaires dotés de plumes, d'encre et de parchemins, sont bien plus que de simples outils de navigation. Elles sont des témoins de la manière dont les êtres humains ont cherché à représenter le monde qui les entoure avec une précision et une beauté remarquables.

Les cartographes anciens ont consacré leur vie à cartographier les terres connues, en utilisant des techniques méticuleuses pour dessiner des côtes, des montagnes, des rivières et des frontières politiques. Chaque détail était important, chaque ligne devait être tracée avec soin pour refléter avec exactitude la réalité géographique. Mais les cartes étaient bien plus que des documents utilitaires. Elles étaient aussi des œuvres d'art, ornées de motifs élaborés, de couleurs vibrantes et de détails minutieux.

La précision des cartes anciennes est d'autant

plus remarquable si l'on considère les outils limités dont disposaient les cartographes de l'époque. Sans les technologies de pointe dont nous disposons aujourd'hui, ils utilisaient des astrolabes, des sextants et des observations astronomiques pour déterminer les coordonnées géographiques. Ils s'appuyaient également sur des connaissances géographiques transmises de génération en génération, ainsi que sur des récits de voyageurs et d'explorateurs.

L'art de la cartographie ne se limitait pas seulement à représenter les terres connues. Il était également marqué par une quête constante de compréhension du monde, de l'univers et de l'inconnu. Les cartographes anciens étaient souvent des penseurs visionnaires, curieux des mystères de la nature et de la structure de l'univers.

Certaines cartes anciennes, telles que la célèbre carte de Fra Mauro du XVe siècle, étaient des tentatives audacieuses de représenter l'ensemble de la connaissance géographique de l'époque. Elles montraient non seulement les continents et les mers, mais aussi les routes commerciales, les coutumes des peuples lointains et même des légendes sur des créatures mythiques. Ces cartes étaient des fenêtres ouvertes sur la richesse des cultures du monde, un moyen de préserver et de partager des connaissances précieuses.

De plus, les cartographes anciens étaient souvent influencés par leurs croyances religieuses et philosophiques. Certaines cartes médiévales, par exemple, intègrent des éléments religieux tels que la Jérusalem céleste ou le paradis terrestre. Ces éléments symboliques étaient destinés à rappeler aux voyageurs la dimension spirituelle de leur exploration.

L'art de la cartographie était aussi un moyen de marquer l'histoire. Les cartes anciennes conservées aujourd'hui sont des reliques du passé, des témoins des explorations, des conquêtes et des découvertes qui ont façonné notre monde moderne. Elles nous rappellent que la connaissance est une quête éternelle, que chaque nouvelle carte est une invitation à percer les mystères de la Terre et de l'univers. Ces cartes anciennes étaient bien plus que des documents utilitaires ; elles étaient des œuvres d'art, des témoignages de la créativité humaine et de la quête incessante de comprendre le monde qui nous entoure. En les examinant, nous sommes transportés dans le temps et l'espace, à une époque où chaque nouveau tracé sur la carte était une invitation à l'exploration, à la découverte et à l'émerveillement devant les merveilles du monde. L'art de la cartographie est une célébration de l'ingéniosité humaine et de la manière dont nous avons cherché à donner un sens à notre place dans l'univers.

Cartes anciennes et territoires inexplorés.

Les cartes anciennes nous transportent vers une époque où le monde était en grande partie inexploré et mystérieux. Elles sont le reflet de l'excitation et de l'aventure liées à la découverte de terres inconnues, de civilisations éloignées et de cultures étrangères. Lorsque nous observons ces cartes, nous sommes plongés dans l'époque des grands explorateurs, des navigateurs intrépides et des découvertes qui ont élargi notre compréhension du globe.

À une époque où les connaissances géographiques étaient limitées, les cartes anciennes étaient souvent ornées de monstres marins, de créatures fantastiques et de légendes mystérieuses. Ces éléments reflétaient l'incertitude entourant les régions inexplorées des cartes. Les cartographes de l'époque utilisaient l'art pour combler les lacunes de leur connaissance, tout en laissant place à l'imagination et à l'intrigue.

Les cartes médiévales, en particulier, étaient riches en éléments symboliques et religieux. Elles représentaient parfois des lieux saints, des routes de pèlerinage et des événements bibliques. Pour les voyageurs de l'époque, ces cartes étaient bien plus que des guides pratiques. Elles étaient des sources d'inspiration, de contemplation et de spiritualité.

L'exploration et la cartographie ont souvent été étroitement liées. Les grands explorateurs tels que Marco Polo, Vasco de Gama et Magellan ont ouvert de nouvelles routes maritimes, découvert des terres lointaines et élargi les horizons humains. Leurs découvertes ont été consignées sur des cartes qui témoignent des limites de la connaissance géographique de leur époque.

De nos jours, lorsque nous observons ces cartes anciennes, nous sommes transportés dans un passé où chaque nouvelle ligne tracée sur le parchemin représentait un pas en avant vers la compréhension de notre planète. Elles sont une fenêtre sur l'histoire des explorations et des voyages, sur la curiosité infinie de l'humanité et sur notre désir de découvrir les trésors cachés du monde.

Les cartes anciennes sont des témoins de l'évolution de notre compréhension du monde et de la manière dont les hommes ont tracé leur chemin à travers l'inconnu. Elles rappellent que la quête de l'inconnu, l'exploration et la découverte sont des forces motrices puissantes qui ont façonné notre monde et qui continuent de nous inspirer à explorer les territoires inexplorés, qu'ils soient géographiques, culturels ou intellectuels.

Les mystères des cartes au trésor.

Les cartes au trésor ont toujours exercé une fascination particulière sur l'imaginaire collectif. Elles évoquent l'aventure, les pirates, les îles mystérieuses et, bien sûr, la quête inlassable de richesses cachées. Les cartes anciennes au trésor, ornées de symboles énigmatiques, de dessins cryptiques et de légendes intrigantes, sont le véritable reflet de l'esprit de l'exploration et de l'attrait pour l'inconnu.

Ces cartes au trésor célèbres, telles que celles associées au pirate William Kidd, ont souvent été à l'origine de quêtes épiques à travers les océans. Elles promettaient des fortunes inestimables enfouies dans des lieux secrets et perdus. Pourtant, derrière ces cartes se cachent de nombreux mystères.

Tout d'abord, il y a la question de l'authenticité

des cartes au trésor. Nombre d'entre elles étaient créées pour tromper ou mystifier ceux qui cherchaient le trésor, en les éloignant de la véritable cachette. Les pirates et les chasseurs de trésors légendaires étaient connus pour leur ruse, et les cartes qu'ils laissaient derrière eux étaient souvent de véritables énigmes.

Ensuite, il y a le mystère du trésor lui-même. Les cartes au trésor promettent des richesses incommensurables, mais la réalité peut s'avérer bien différente. De nombreux trésors légendaires demeurent introuvables, et les recherches acharnées ont souvent abouti à des impasses.

Enfin, il y a le mystère de la motivation. Pourquoi les pirates et les aventuriers créaient-ils ces cartes au trésor ? Était-ce pour laisser un héritage énigmatique derrière eux ? Était-ce pour semer la confusion parmi leurs rivaux ? Ou croyaient-ils réellement en l'existence des trésors qu'ils représentaient sur leurs cartes ?

La plus célèbre carte au trésor de tous les temps est sans doute celle associée au légendaire pirate Edward Teach, plus connu sous le nom de Barbe-Noire. Bien que Barbe-Noire ait terrorisé les mers des Caraïbes et de la côte est des États-Unis au début du XVIIIe siècle, il est surtout célèbre pour sa réputation de pirate cruel et sanguinaire, ainsi que pour sa mystérieuse carte au trésor.

La légende raconte que Barbe-Noire aurait caché un trésor colossal quelque part sur la côte est des États-Unis, probablement en Caroline du Nord, où il avait établi un repaire. La carte au trésor qu'il aurait dessinée, souvent appelée la « carte de Barbe-Noire », était ornée de symboles ésotériques, de dessins cryptiques et de notes écrites en code. Cette carte était censée indiquer l'emplacement précis de son trésor.

L'histoire du trésor de Barbe-Noire a alimenté l'imagination des chasseurs de trésors, des chercheurs d'aventures et des amateurs d'histoires de pirates pendant des siècles. De nombreuses expéditions ont été lancées pour tenter de déchiffrer les mystères de la carte de Barbe-Noire et de découvrir le trésor perdu. Cependant, malgré d'innombrables efforts, le trésor de Barbe-Noire n'a jamais été retrouvé.

La carte de Barbe-Noire est devenue un symbole emblématique de la quête du trésor et de l'attrait intemporel des histoires de pirates. Elle rappelle que même après la disparition du légendaire pirate, son héritage mystérieux continue d'exercer une fascination sur ceux qui rêvent de découvrir des richesses enfouies et des trésors perdus.

La légende de la carte au trésor de Barbe-Noire est un témoignage de la manière dont les histoires de pirates et les mystères de l'océan continuent d'éveiller notre curiosité et de nourrir notre imagination, nous incitant à poursuivre la quête du trésor caché, qu'il soit réel ou légendaire.

Les cartes au trésor continuent d'exercer leur pouvoir de séduction sur les chercheurs de trésors modernes, les archéologues et les amateurs d'histoires d'aventures. Elles nous rappellent que l'esprit de découverte et la quête de richesses cachées sont des éléments intemporels de l'expérience humaine. Même si les trésors représentés sur ces cartes restent souvent insaisissables, leur mystère et leur intrigue perdurent, nous invitant à poursuivre la quête du trésor caché, qu'il soit matériel ou spirituel.

Chapitre 5

L'Atlantide et d'autres légendes perdues.

Mythes et légendes de cités englouties.

Les mythes et légendes de cités englouties sont ancrés dans l'imaginaire de l'humanité depuis des temps immémoriaux. Ils évoquent des civilisations disparues, submergées par les eaux tumultueuses de l'océan, des lacs ou des rivières. Ces récits ont fasciné les peuples du monde entier, éveillant notre curiosité et notre désir d'explorer les profondeurs insondables de la mer.

Le mythe le plus célèbre de cité engloutie est sans aucun doute celui de l'Atlantide, tel que décrit par le philosophe grec Platon dans ses dialogues « Critias » et « Timée ». Selon Platon, l'Atlantide était une civilisation avancée et florissante, dotée de technologies et de connaissances extraordinaires. Cependant, en raison de son arrogance et de sa corruption, elle aurait été punie par les dieux et engloutie par une catastrophe cataclysmique, disparaissant à jamais dans les profondeurs de l'océan Atlantique.

L'Atlantide a captivé l'imaginaire de générations entières, et de nombreuses théories ont tenté de localiser cette cité légendaire. Bien que de nombreuses expéditions aient été menées pour tenter de découvrir ses ruines, l'Atlantide reste un mystère non résolu, perdu dans les méandres du temps.

D'autres mythes de cités englouties existent dans diverses cultures à travers le monde. La légende de la cité de Ys en Bretagne, par exemple, raconte comment la cité a été submergée en raison de la vanité de sa reine.

La légende de la cité d'Ys, est l'un des mythes les plus célèbres de cités englouties en Europe. Elle raconte l'histoire d'une cité prospère construite en bord de mer, dirigée par un roi nommé Gradlon et sa fille Dahut. La cité était réputée pour sa richesse, sa beauté et son extravagance, mais elle cachait aussi un sombre secret.

Selon la légende, Dahut était une jeune femme belle mais maléfique, influencée par des forces démoniaques. Elle avait convaincu son père, le roi Gradlon, de construire une digue massive pour protéger la cité des tempêtes marines. Cependant, elle aurait utilisé cette digue pour laisser entrer les eaux de l'océan, inondant ainsi la cité.

La nuit de la tragédie, une cloche située dans l'église de la cité sonna à l'approche du danger. Saint Corentin, un prêtre chrétien, avait averti le roi Gradlon que la cité était corrompue et que le déluge approchait. Avec l'aide de Saint Corentin, Gradlon parvint à monter à cheval et à s'échapper de la cité alors que les eaux engloutissaient Ys.

La légende de la cité d'Ys évoque l'idée de l'orgueil humain, de la corruption et des conséquences tragiques de ces péchés. Elle sert également de métaphore pour les forces de la nature dévastatrices, notamment les tempêtes et les inondations qui ont souvent affecté la côte bretonne.

Au fil des siècles, la légende d'Ys est devenue une partie intégrante de la culture bretonne, inspirant de nombreuses œuvres d'art, chansons et récits. On trouve des représentations de la cité engloutie dans des peintures, des sculptures et des contes populaires. Chaque année, la ville de Quimper, en Bretagne, célèbre la légende lors du festival de la Saint-Corentin.

Bien que la cité d'Ys reste un mythe, les archéologues et les chercheurs ont tenté de trouver des preuves de son existence. Cependant, aucune découverte majeure n'a encore été faite, et Ys demeure une cité engloutie dans le domaine de la légende et de la fascination. Elle incarne l'âme de la Bretagne, imprégnée d'histoire, de mystère et de culture.

En Égypte, le mythe d'Heracleion, également connu sous le nom de Thônis, relate comment une ville prospère a sombré dans les eaux du delta du Nil.

Le mythe d'Heracleion, est une légende fascinante qui se déroule dans l'Égypte ancienne, le long du delta du Nil. Cette histoire évoque une cité florissante, riche en culture, en commerce et en spiritualité, qui a mystérieusement disparu sous les eaux il y a plus de mille ans.

Selon la légende, Heracleion était une cité prospère et puissante, située à l'embouchure du Nil, près de l'actuelle Alexandrie. Elle était dédiée au dieu grec Héraclès (ou Hercule en latin), d'où son nom grec. Heracleion était un centre économique majeur, un point de convergence pour les échanges commerciaux entre l'Égypte et le monde méditerranéen.

La cité était réputée pour son grand temple dédié à Amon, le dieu égyptien de la création et de la fertilité. Les prêtres de ce temple étaient respectés et influents, jouant un rôle clé dans la société d'Heracleion.

Cependant, le destin d'Heracleion prit un tournant tragique lorsque la cité fut engloutie par les eaux du delta du Nil. Les raisons de cette catastrophe restent un sujet de débat, mais des séismes, des inondations ou un affaissement de terrain sont souvent évoqués comme causes potentielles. Quoi qu'il en soit, la cité sombra sous les eaux vers le VIIIe siècle de notre ère, et sa localisation exacte fut perdue.

Pendant des siècles, Heracleion fut considérée comme une légende, une cité perdue du passé. Cependant, en 2000, une équipe d'archéologues dirigée par Franck Goddio a fait une découverte extraordinaire : les vestiges bien préservés d'Heracleion gisaient au fond de la mer, à quelques kilomètres au large de la côte égyptienne. Des statues, des objets rituels, des monuments et des bâtiments immergés ont été découverts, apportant des preuves tangibles de l'existence d'Heracleion.

La découverte d'Heracleion a eu un impact profond sur notre compréhension de l'histoire de l'Égypte ancienne et des civilisations méditerranéennes. Elle a également renforcé l'idée que les légendes de cités englouties peuvent parfois être ancrées dans la réalité, attendant d'être redécouvertes par les archéologues modernes.

Le mythe d'Heracleion nous rappelle que l'histoire de l'humanité est souvent enfouie sous les eaux de l'oubli, mais que les secrets du passé peuvent ressurgir de manière inattendue pour éclairer notre compréhension du monde antique. C'est une histoire d'exploration, de mystère et de redécouverte qui continue de fasciner les amateurs d'archéologie et de récits anciens.

Ces mythes et légendes de cités englouties reflètent notre fascination pour les civilisations perdues et pour les forces de la nature qui peuvent les engloutir. Ils évoquent la vulnérabilité de l'humanité face à la puissance des éléments et rappellent que la mer, malgré sa beauté, peut être impitoyable.

Cependant, ces récits renferment également une part de mystère et d'espoir. Ils nous rappellent que le passé de notre planète est riche en trésors cachés et en histoires oubliées qui attendent d'être découverts. Ils nous invitent à explorer les profondeurs de l'inconnu, à plonger dans les eaux obscures de l'océan pour percer les secrets des civilisations perdues. En fin de compte, les mythes et légendes de cités englouties sont un rappel que notre monde est rempli de mystères fascinants qui attendent d'être révélés par les

explorateurs intrépides de notre temps.
À la recherche de l'Atlantide.

La quête de l'Atlantide est l'une des plus grandes énigmes archéologiques et historiques de tous les temps. Depuis que le philosophe grec Platon a décrit pour la première fois cette cité légendaire dans ses dialogues "Critias" et "Timée" au IVe siècle av. J.-C., les chercheurs, les aventuriers et les rêveurs du monde entier ont entrepris des expéditions pour tenter de découvrir la véritable localisation de l'Atlantide.

Platon a décrit l'Atlantide comme une civilisation avancée et prospère située au-delà des colonnes d'Hercule (généralement interprétées comme le détroit de Gibraltar). Selon son récit, l'Atlantide aurait existé 9 000 ans avant lui, soit environ 11 000 ans avant notre ère. Cette civilisation aurait été submergée par un cataclysme naturel et disparaîtrait dans les flots de l'océan Atlantique.

La recherche de l'Atlantide a été lancée dans de nombreuses régions du monde, de la mer Méditerranée à l'océan Atlantique, en passant par la mer des Caraïbes. Des théories diverses ont été proposées quant à son emplacement, notamment les îles Canaries, les Açores, la

Crète et même le Golfe du Mexique.

Au fil des siècles, de nombreuses expéditions ont été financées par des explorateurs, des archéologues et des aventuriers, tous animés par le désir de résoudre le mystère de l'Atlantide. Des cartes anciennes, des indices archéologiques et des légendes locales ont été utilisés comme preuves potentielles de son existence.

L'une des théories les plus populaires suggère que l'Atlantide pourrait être située dans le Santorin, une île volcanique en Grèce, qui aurait été dévastée par une éruption cataclysmique vers 1600 av. J.-C. Cette théorie est basée sur des découvertes archéologiques, notamment des ruines submergées et des artefacts de cette époque.

La quête de l'Atlantide ne se limite pas à la recherche de sa localisation géographique. Elle englobe également la recherche d'indices sur la nature de cette civilisation perdue et les raisons de sa disparition. Les théories et les spéculations sur l'Atlantide sont nombreuses, ce qui ajoute à sa mystique.

Certaines théories suggèrent que l'Atlantide était une société technologiquement avancée, possédant une connaissance scientifique et spirituelle bien au-delà de son temps. On prétend même qu'ils étaient capables de manipuler des cristaux d'énergie pour alimenter leur civilisation. Cette image d'une civilisation ancienne dotée d'une technologie avancée a alimenté l'imaginaire de nombreux chercheurs et écrivains de science-fiction.

D'autres théories s'intéressent aux raisons de la disparition de l'Atlantide. Certains pensent que des cataclysmes naturels tels que des éruptions volcaniques ou des tremblements de terre ont englouti la cité, tandis que d'autres évoquent des conflits internes ou des punitions divines.

L'Atlantide a également été associée à la mythologie et à la spiritualité. Certains voient en elle un lien avec la légende de l'île d'Atlantide, dont parlait le philosophe Platon, et le mythe de la création du monde. Ils considèrent l'Atlantide comme un lieu sacré, une sorte de paradis perdu.

Au fil des années, de nombreuses figures historiques et célèbres ont été impliquées dans la quête de l'Atlantide. L'explorateur Jacques-Yves Cousteau a mené des expéditions sous-marines à la recherche de preuves, tandis que des écrivains comme Edgar Cayce ont proposé des théories basées sur la médiumnité et la spiritualité.

Malgré toutes les recherches, l'Atlantide demeure un mystère irrésolu. Certains considèrent la légende comme une métaphore de la chute des civilisations, tandis que d'autres continuent de croire qu'elle est basée sur une véritable civilisation perdue. Quelle que soit la vérité, l'Atlantide continue de susciter notre fascination pour l'inconnu et notre désir de découvrir les secrets enfouis sous les eaux de l'histoire.

La quête de l'Atlantide est un rappel que l'exploration et la curiosité humaine sont des forces puissantes qui nous poussent à aller au-delà des limites connues pour percer les mystères de notre passé. Que l'Atlantide existe vraiment ou qu'elle demeure un mythe, elle demeure un symbole de l'esprit inlassable de l'exploration humaine.

Les autres cités perdues du monde.

Outre l'Atlantide, le monde regorge de cités perdues qui ont alimenté l'imagination et la quête incessante des explorateurs et des archéologues. Ces cités, enfouies sous les sables du désert, perdues dans la jungle ou englouties par les eaux, sont autant de trésors historiques et culturels qui attendent d'être redécouverts.

Pétra, Jordanie.

Pétra, souvent surnommée la « Cité rose », est l'une des cités perdues les plus emblématiques au monde. Située dans le sud de la Jordanie, cette ville antique est célèbre pour ses façades taillées dans la roche, ses tombeaux monumentaux et son histoire fascinante. Pétra a été classée au patrimoine mondial de l'UNESCO en 1985 et est également l'une des nouvelles sept merveilles du monde.

La cité de Pétra a été fondée par les Nabatéens, un peuple arabe antique, vers le IVe siècle av. J.-C. Les Nabatéens ont sculpté cette cité dans les falaises de grès rose, créant des monuments époustouflants qui semblent surgir directement de la roche. L'ingéniosité architecturale des Nabatéens est évidente dans des structures telles que le célèbre Trésor de Pétra (ou Al-Khazneh), un mausolée richement orné qui a été utilisé comme lieu de sépulture royal.

Pétra a prospéré en tant que carrefour commercial crucial, reliant l'Arabie, l'Égypte, la Syrie et d'autres régions. Elle est devenue un centre d'échanges culturels et religieux, accueillant des influences de diverses civilisations. Les Nabatéens ont également développé un système sophistiqué de gestion de l'eau, avec des canaux et des réservoirs pour faire face aux défis d'une région aride.

L'un des aspects les plus mystérieux de Pétra réside dans ses nombreux tombeaux sculptés, qui témoignent du raffinement artistique des Nabatéens. Les tombes royales, telles que la Tombe de l'Urne et la Tombe du Soldat, sont particulièrement impressionnantes. Les fouilles archéologiques ont également révélé des espaces souterrains complexes, notamment un réseau de chambres et de tunnels.

Pétra a connu son déclin à partir du VIIe siècle de notre ère avec la montée de l'islam et la modification des routes commerciales. Au fil du temps, la cité a été progressivement abandonnée et recouverte par le sable du désert, restant ainsi cachée du monde jusqu'à ce que le voyageur suisse Johann Ludwig Burckhardt la redécouvre en 1812.

Depuis lors, Pétra est devenue l'une des destinations touristiques les plus populaires au Moyen-Orient, attirant des visiteurs du monde entier pour admirer sa beauté architecturale et découvrir son histoire captivante. La cité est également connue pour son atmosphère magique, en particulier au coucher du soleil lorsque les façades de grès rose prennent des teintes dorées.

Pétra est un témoignage vivant de la créativité humaine et de l'ingéniosité architecturale, tout en rappelant la richesse de l'histoire de la Jordanie et de la région environnante. C'est un site où la majesté de la nature se mêle harmonieusement à l'art et à l'ingénierie humaine, créant ainsi une expérience qui captive l'imagination de tous ceux qui ont la chance de la visiter.

Machu Picchu, Pérou.
Machu Picchu, située dans les montagnes des Andes péruviennes, est l'une des cités perdues les plus célèbres et les plus spectaculaires au monde. Cette merveille archéologique, perchée à une altitude de 2 430 mètres au-dessus du niveau de la mer, est renommée pour son architecture complexe, sa beauté naturelle à couper le souffle et son histoire fascinante.

Machu Picchu, dont le nom signifie littéralement « Vieille Montagne » en quechua, est le site le plus emblématique de la civilisation inca. Elle aurait été construite au XVe siècle sous le règne de l'empereur inca Pachacutec. Sa localisation en altitude, dans la région de Cuzco, en fait un exemple impressionnant de l'ingénierie inca, avec ses terrasses agricoles en gradins, ses systèmes de drainage sophistiqués et ses murs de pierre magnifiquement taillés.

Les raisons exactes de la construction de Machu Picchu restent un sujet de débat. Certains pensent qu'elle était un lieu de retraite ou de villégiature pour l'élite inca, tandis que d'autres suggèrent qu'elle avait une fonction religieuse ou astronomique en raison de la disposition de ses bâtiments par rapport aux équinoxes et aux solstices.

La cité fut abandonnée au XVIe siècle, probablement en raison de l'arrivée des conquistadors espagnols, mais elle échappa en grande partie à leur connaissance et resta cachée pendant des siècles. Ce n'est qu'en 1911 que l'archéologue américain Hiram Bingham, avec l'aide de guides locaux, « redécouvrit » Machu Picchu, bien qu'elle fût déjà connue des habitants locaux.

Machu Picchu est aujourd'hui l'une des destinations touristiques les plus prisées au monde, attirant des voyageurs du monde entier pour son mélange saisissant de beauté naturelle et de patrimoine historique. Le site est classé au patrimoine mondial de l'UNESCO depuis 1983 et est souvent décrit comme l'une des sept merveilles du monde moderne.

La cité est célèbre pour des structures telles que le Temple du Soleil, la Pierre Intihuatana (un dispositif astronomique), le Temple du Condor, et le célèbre Chemin des Incas, un sentier de randonnée épique qui serpente à travers les montagnes jusqu'à Machu Picchu.

Machu Picchu est non seulement un exemple remarquable de l'architecture inca, mais aussi un symbole du pouvoir de la nature sur l'histoire humaine. Perchée au sommet des montagnes et entourée de paysages montagneux à couper le souffle, cette cité perdue continue d'inspirer les voyageurs, les archéologues et les amoureux de l'histoire du monde entier. Elle est une invitation à explorer les mystères de l'histoire inca et à se connecter à la grandeur du passé.

Troie, Turquie.
La légendaire cité de Troie, située dans l'actuelle Turquie, est l'un des sites archéologiques les plus célèbres et les plus énigmatiques du monde. Cette cité antique est intimement liée à l'épopée homérique de l'Iliade, l'un des récits les plus célèbres de la littérature occidentale.

L'histoire de Troie commence dans la Grèce antique, où le poète légendaire Homère a raconté la guerre de Troie dans l'Iliade. Le récit épique narre les conflits, les héros et les dieux qui ont façonné la guerre entre les Grecs et les Troyens. L'un des événements les plus marquants de l'Iliade est le siège de la cité de

Troie, durant lequel les Grecs ont utilisé la ruse du cheval de Troie pour pénétrer les murs de la cité et la détruire.

Pendant des siècles, l'Iliade a été considérée comme une œuvre de fiction, et l'existence même de Troie a été mise en doute. Cependant, au XIXe siècle, l'archéologue allemand Heinrich Schliemann a entrepris des fouilles à Hisarlık, en Turquie, convaincu qu'il pourrait découvrir les vestiges de Troie. En 1873, Schliemann fit une découverte extraordinaire : les ruines de la cité antique, confirmant ainsi l'existence de Troie.

Le site archéologique de Troie comprend plusieurs niveaux de ruines, reflétant les différentes périodes de l'histoire de la cité. Les archéologues ont identifié neuf couches de ruines, allant de l'âge du bronze à l'époque romaine. La couche la plus célèbre est généralement associée à la guerre de Troie elle-même, bien que l'identification précise de cette couche avec l'événement décrit dans l'Iliade reste sujette à débat.

Parmi les découvertes notables de Schliemann à Troie, on compte des remparts massifs, des portes de la cité, des résidences, des bijoux et des objets en or, ainsi que des artefacts qui témoignent de l'importance commerciale de Troie en tant que point de passage entre l'Asie et l'Europe.

Aujourd'hui, Troie est un site archéologique majeur, classé au patrimoine mondial de l'UNESCO. Les visiteurs du monde entier viennent explorer les ruines de cette cité légendaire et se plonger dans l'histoire de l'Iliade. Troie est un témoignage fascinant de la façon dont la littérature et l'archéologie peuvent se croiser pour éclairer notre compréhension du passé. Elle rappelle également que même les mythes et les légendes peuvent avoir des fondements historiques, attendant d'être découverts par des chercheurs passionnés.

Angkor, Cambodge.

Les temples d'Angkor, situés au Cambodge, forment l'un des ensembles architecturaux les plus impressionnants et emblématiques du monde. Cette ancienne cité khmère, autrefois la capitale de l'Empire khmer, est renommée pour son architecture grandiose, ses sculptures élaborées et son histoire riche.

Angkor a prospéré entre les IXe et XVe siècles, sous le règne de plusieurs rois khmers, dont Jayavarman II et Jayavarman VII. La cité était au cœur d'une civilisation avancée qui a laissé un héritage monumental et artistique durable. Le temple d'Angkor le plus célèbre est Angkor

Wat, qui est également le plus grand temple religieux du monde. Il a été construit au XIIe siècle par le roi Suryavarman II comme un temple hindou dédié au dieu Vishnou, mais il a été plus tard converti en un temple bouddhiste. Angkor Wat est caractérisé par ses tours élancées, ses bas-reliefs détaillés et son impressionnante disposition architecturale. Son image orne aujourd'hui le drapeau du Cambodge.

Outre Angkor Wat, la région abrite de nombreux autres temples et sites historiques remarquables. Parmi les plus célèbres, citons le temple de Bayon, connu pour ses tours ornées de visages sculptés, le temple de Ta Prohm, envahi par la jungle et célèbre pour son atmosphère mystique, et le temple de Preah Khan, avec ses galeries et ses passages labyrinthiques.

La construction des temples d'Angkor a exigé une main-d'œuvre considérable, et la cité était entourée de vastes systèmes de canaux et de réservoirs, dont le plus célèbre est le Baray oriental, utilisé pour l'irrigation des terres agricoles environnantes.

La décadence d'Angkor a commencé au XVe siècle, en grande partie due à des conflits internes, aux invasions étrangères et au déplacement de la capitale. La cité a été progressivement abandonnée et recouverte par la jungle, restant ainsi cachée du monde jusqu'au XIXe siècle, lorsque l'explorateur français Henri Mouhot l'a « redécouverte ». Aujourd'hui, Angkor est classée au patrimoine mondial de l'UNESCO et est l'une des principales attractions touristiques du Cambodge. Les visiteurs du monde entier viennent explorer ce site archéologique extraordinaire, qui offre un aperçu inestimable de l'histoire, de l'art et de la culture de l'Empire khmer. Les temples d'Angkor sont non seulement des témoignages impressionnants du génie architectural des anciens Khmers, mais aussi des symboles de la capacité humaine à créer des œuvres durables qui traversent les siècles.

Mésopotamie, Irak.
La Mésopotamie, située dans la région qui est aujourd'hui l'Irak, est l'un des berceaux de la civilisation humaine. Ce terme signifie littéralement « entre les fleuves », se référant à la vaste plaine fertile formée par les rivières Tigre et Euphrate. Cette région a joué un rôle essentiel dans le développement de la société humaine depuis les premiers temps de l'histoire en raison de son sol fertile et de son emplacement stratégique.

La Mésopotamie est souvent considérée comme le lieu où l'agriculture s'est développée pour la première fois. Les habitants de cette région ont appris à cultiver des cultures telles que le blé et l'orge, ce qui a permis la sédentarisation et la croissance de populations permanentes.

La Mésopotamie est également le lieu où l'écriture cunéiforme a été inventée vers 3200 av. J.-C. C'était une forme complexe d'écriture utilisée pour enregistrer des informations sur des tablettes d'argile, ouvrant ainsi la voie à l'enregistrement de l'histoire, des lois, de la religion et d'autres connaissances.

Les cités-États mésopotamiennes, telles que Ur, Uruk et Babylone, ont développé des systèmes politiques avancés avec des rois et des lois codifiées. Le Code de Hammurabi, l'une des lois les plus anciennes connues, a été créé en Babylonie vers 1754 av. J.-C.

Les Mésopotamiens ont également contribué au développement des mathématiques et de l'astronomie. Ils utilisaient des systèmes de numération avancés et suivaient les mouvements des étoiles pour des fins religieuses et agricoles.

La Mésopotamie était le foyer de nombreuses divinités et croyances religieuses. Des temples massifs, appelés ziggourats, étaient construits pour vénérer ces dieux, dont le panthéon comprenait des divinités comme Enlil, Marduk et Ishtar.

En raison de son emplacement central entre l'Asie, l'Europe et l'Afrique, la Mésopotamie était un carrefour commercial majeur. Les cités-États échangeaient des biens tels que des céréales, des métaux et des textiles avec d'autres régions.

Malheureusement, la Mésopotamie a également été le théâtre de nombreux conflits et invasions au fil des siècles, notamment par les Assyriens, les Babyloniens et les Perses. Les guerres et les bouleversements politiques ont finalement conduit à la dépopulation de la région, et de nombreuses villes mésopotamiennes ont été abandonnées.

Aujourd'hui, les vestiges de la Mésopotamie, bien que partiellement enfouis sous le sable et les siècles d'histoire, représentent un trésor archéologique inestimable. Les fouilles archéologiques continuent de révéler de nouveaux éléments sur la vie et la culture des anciens habitants de cette région, aidant ainsi à éclairer les débuts de la civilisation humaine et à relier notre histoire moderne à ses racines anciennes.

Carthage, Tunisie.

Carthage, située sur la côte nord-est de la Tunisie actuelle, était l'une des cités les plus puissantes et influentes de l'Antiquité. Fondée vers 814 av. J.-C. par les Phéniciens, Carthage est devenue une grande puissance maritime et commerciale de la Méditerranée occidentale, en concurrence avec Rome pour la domination de la région.

Les fondateurs de Carthage étaient des Phéniciens, un peuple sémitique qui avait déjà établi des colonies prospères le long des côtes méditerranéennes. Carthage a hérité de l'expertise maritime et commerciale de ses ancêtres, ce qui en a fait une puissance commerciale majeure.

La rivalité entre Carthage et Rome a abouti aux trois guerres puniques (264-146 av. J.-C.). Ces conflits féroces ont éclaté en grande partie en raison de la concurrence pour le contrôle des territoires méditerranéens. La Deuxième Guerre punique, dirigée par le général carthaginois Hannibal, est célèbre pour sa traversée des Alpes pour attaquer Rome.

Carthage était gouvernée par un conseil de nobles, mais elle avait également une forme de démocratie où le peuple avait une voix. La cité avait sa propre langue, le punique, et ses divinités, dont le dieu Baal et la déesse Tanit, étaient vénérées.

Carthage était un centre commercial majeur, impliquée dans l'échange de produits tels que les métaux, les textiles et les produits agricoles avec d'autres régions méditerranéennes. Sa flotte marchande était impressionnante, et elle avait des colonies et des avant-postes commerciaux dans tout le bassin méditerranéen.

La Troisième Guerre punique, en 146 av. J.-C., a abouti à la destruction de Carthage par les Romains. La cité a été incendiée et rasée, mettant fin à son existence en tant que grande puissance. Les terres de Carthage sont devenues une province romaine.

Malgré sa destruction, de nombreuses ruines de Carthage ont survécu, et le site est maintenant un important site archéologique classé au patrimoine mondial de l'UNESCO. Les fouilles ont révélé des vestiges de temples, de villas, d'aqueducs et d'autres structures qui offrent un aperçu de la vie à Carthage.

Aujourd'hui, Carthage est une destination touristique majeure en Tunisie, attirant des visiteurs du monde entier pour explorer son histoire ancienne et son riche patrimoine culturel. Les ruines de la cité ancienne, situées sur une colline surplombant la mer Méditerranée, offrent un aperçu fascinant de la grandeur passée de Carthage, tout en rappelant les conséquences de la rivalité entre les grandes puissances de l'Antiquité.

Palenque, Mexique.
Palenque est une ancienne cité maya située dans la région du Chiapas, au Mexique. Elle est renommée pour son architecture élaborée, ses sculptures détaillées et son emplacement au cœur de la jungle luxuriante. Palenque est l'un des sites archéologiques les plus importants du monde maya, et son histoire fascinante attire des visiteurs du monde entier.
Palenque a été fondée vers 100 av. J.-C., mais elle a atteint son apogée entre le VIe et le VIIe siècle de notre ère, pendant la période classique de la civilisation maya. À son apogée, Palenque était une cité-État puissante avec une population considérable.
Les monuments de Palenque sont célèbres pour leur architecture maya sophistiquée. Le Temple des Inscriptions est l'un des exemples les plus remarquables. Il abrite la tombe du roi Pakal le Grand, qui est l'une des découvertes archéologiques les plus importantes du XXe siècle.
Les mayas de Palenque étaient d'excellents artistes et sculpteurs. Les bas-reliefs et les sculptures qui décorent les bâtiments de la cité présentent des scènes de la vie quotidienne,

des mythes religieux et des cérémonies. Les détails et la finesse de ces œuvres d'art sont impressionnants.

Palenque était dirigée par une lignée de rois, dont Pakal le Grand est le plus célèbre. Les mayas de Palenque avaient une religion complexe, et de nombreux temples étaient dédiés à des divinités mayas importantes, telles que le dieu soleil Kinich Ahau et le dieu de la pluie Chaac.

Comme de nombreuses autres cités mayas, Palenque a subi un déclin progressif à partir du VIIIe siècle de notre ère. Les raisons exactes de son abandon demeurent incertaines, mais il est probable que des facteurs tels que la déforestation, la pression démographique et les conflits internes ont joué un rôle.

Palenque a été redécouverte par les explorateurs espagnols au XVIe siècle, mais elle est restée largement inexplorée jusqu'au XIXe siècle. L'archéologue américain Sylvanus G. Morley a entrepris des fouilles importantes au début du XXe siècle, permettant la récupération d'artefacts et la restauration de nombreuses structures.

Aujourd'hui, Palenque est un site archéologique majeur et une destination touristique prisée. Les visiteurs peuvent explorer les ruines de cette ancienne cité, se promener dans la jungle environnante, et découvrir la richesse de la civilisation maya. Palenque est également un site classé au patrimoine mondial de l'UNESCO, ce qui souligne son importance en tant que témoin de l'histoire ancienne et de l'art maya. C'est un endroit où l'histoire et la nature se rencontrent, offrant une expérience immersive dans le passé fascinant de cette civilisation ancienne.

Tikal, Guatemala.
Tikal, située au cœur de la jungle guatémaltèque, est l'une des cités mayas les plus emblématiques et les mieux préservées de l'ancien monde maya. Cette ancienne cité-État a prospéré pendant plus d'un millénaire, jouant un rôle central dans la civilisation maya classique et devenant l'un des centres politiques, culturels et religieux les plus importants de cette période.
Tikal a été fondée au IVe siècle avant notre ère et a atteint son apogée entre le VIe et le IXe siècle de notre ère, pendant la période classique de la civilisation maya. La cité s'est développée autour d'une série de temples, de pyramides, de palais et de places publiques.
Tikal est célèbre pour ses impressionnantes structures architecturales en pierre. Les

temples et les pyramides de Tikal s'élèvent au-dessus de la canopée de la jungle, créant une silhouette emblématique. Le Temple du Grand Jaguar et le Temple des Masques sont parmi les exemples les plus connus.

Tikal était dirigée par une série de dynasties royales, et ses rois ont joué un rôle central dans la vie politique et religieuse de la cité. Les monuments en stèle et les glyphes sculptés témoignent de l'histoire des dirigeants mayas et des événements importants.

Tikal était un centre religieux important pour les mayas, avec des temples dédiés à des dieux comme le dieu soleil Kinich Ahau et le dieu de la pluie Chaac. Les cérémonies religieuses et les rituels étaient une part essentielle de la vie quotidienne.

Tout comme d'autres cités mayas, Tikal a connu un déclin progressif à partir du IXe siècle de notre ère. Les raisons exactes de son abandon restent un sujet de débat.

Tikal a été redécouverte au XIXe siècle par des explorateurs et des archéologues. Des fouilles systématiques ont permis de mettre au jour de nombreuses structures et de précieux artefacts, contribuant à notre compréhension de la civilisation maya.

Tikal est l'une des attractions touristiques les plus populaires du Guatemala et un site classé au patrimoine mondial de l'UNESCO. Les visiteurs peuvent explorer les ruines de cette cité ancienne, et profiter de la faune et de la flore de la jungle environnante, y compris les singes hurleurs et les oiseaux exotiques. Tikal est un rappel impressionnant de la grandeur passée de la civilisation maya et un lieu où l'histoire, la nature et l'aventure se rejoignent pour offrir une expérience inoubliable.

Stonehenge. (Royaume-Unis)
Stonehenge est l'un des sites archéologiques les plus énigmatiques et célèbres du monde. Situé dans la plaine de Salisbury, au Royaume-Uni, Stonehenge est un cercle de pierres dressées qui remonte à l'âge de bronze, il y a environ 5 000 ans. Ce monument a captivé l'imagination des gens pendant des siècles en raison de ses mystères et de son importance historique.
Stonehenge se compose de deux types de pierres : les sarsens et les bluestones. Les sarsens sont des mégalithes en grès qui forment l'anneau extérieur et les piliers centraux, tandis que les bluestones, plus petites, forment le cercle intérieur. Au centre se trouve l'autel en pierre. L'ensemble est disposé de manière à aligner certaines pierres avec le lever du soleil au solstice d'été, ce qui

suggère une signification astronomique.

Le plus grand mystère de Stonehenge réside dans sa raison d'être. Les chercheurs ont proposé diverses théories, y compris un lieu de culte, un observatoire astronomique, un cimetière ou un lieu de guérison. Les débats sur sa construction sont également passionnants, car il est difficile de comprendre comment les anciens habitants ont réussi à transporter et à dresser de lourdes pierres sur le site.

Stonehenge a été construit en plusieurs phases sur une période de plus de 1 500 ans, entre 3 000 av. J.-C. et 1 600 av. J.-C. Les bluestones, dont certaines proviennent du Pays de Galles distant de près de 250 kilomètres, ont été transportées sur le site à une époque où la technologie de transport était rudimentaire.

En 1986, Stonehenge a été désigné site du patrimoine mondial de l'UNESCO, reconnaissant ainsi sa valeur universelle exceptionnelle. Il est également protégé en tant que monument classé au Royaume-Uni.

Stonehenge est ouvert aux visiteurs et continue d'attirer des personnes du monde entier. Les chercheurs archéologiques mènent également des fouilles et des études pour percer les mystères de ce site fascinant.

Chaque année, des milliers de personnes se

rassemblent à Stonehenge pour célébrer le solstice d'été, marquant l'un des moments les plus emblématiques du site.

Stonehenge reste un symbole puissant de la capacité de l'humanité à créer des monuments durables et significatifs. Bien que de nombreux mystères entourent son origine et sa signification, il continue d'inspirer et d'émerveiller ceux qui le visitent, les incitant à réfléchir sur les civilisations anciennes et les liens entre le passé et le présent.

Pompéi. (Italie)

Pompéi est une ville romaine antique située près de Naples, en Italie, qui a été ensevelie sous les cendres et la lave lors de l'éruption dévastatrice du volcan Vésuve en l'an 79 de notre ère. La redécouverte de Pompéi au XVIIIe siècle a permis de mettre au jour une ville bien préservée qui a offert un aperçu fascinant de la vie quotidienne à l'époque romaine.

Ce qui rend Pompéi si extraordinaire, c'est son niveau de préservation. Les cendres et la lave du Vésuve ont enveloppé la ville, préservant de manière unique de nombreux bâtiments, objets, fresques murales et même des corps humains, capturant un instantané de la vie quotidienne au Ier siècle de notre ère.

Les fouilles archéologiques ont révélé des rues pavées, des maisons élégantes, des boutiques, des thermes, des temples et des théâtres. Les fresques murales colorées ont survécu dans de nombreuses maisons, offrant un aperçu précieux de l'art et de la culture romains.

Pompéi était une ville florissante avec une population variée de citoyens romains, d'esclaves, d'artisans, de marchands et de soldats. Les découvertes archéologiques ont permis de mieux comprendre la structure sociale de la ville et la vie quotidienne de ses habitants.

L'éruption du Vésuve en 79 de notre ère a été un événement dévastateur. Les cendres et la lave ont recouvert la ville, tuant la plupart de ses habitants et ensevelissant la cité sous plusieurs mètres de matériaux volcaniques.

Pompéi a été redécouverte au XVIIIe siècle lors de fouilles archéologiques. Les premières fouilles ont révélé des bâtiments et des artéfacts exceptionnellement préservés. Aujourd'hui, Pompéi est l'un des sites archéologiques les plus visités au monde.

En 1997, Pompéi a été inscrite sur la liste du patrimoine mondial de l'UNESCO, en reconnaissance de son importance historique et archéologique exceptionnelle.

Pompéi attire des millions de visiteurs chaque

année. Le site offre une opportunité unique d'en apprendre davantage sur l'histoire romaine et de voir de près les vestiges d'une ville antique.

Les autorités italiennes ont mis en place des mesures de conservation pour protéger les ruines de Pompéi. Cela inclut la restauration de certains bâtiments et la création de structures de protection pour préserver les fresques et les artéfacts.

Pompéi reste un trésor archéologique extraordinaire qui offre un voyage dans le temps vers l'époque romaine. Les découvertes continues sur le site continuent à enrichir notre compréhension de cette période de l'histoire et à éveiller l'intérêt pour les civilisations anciennes.

Cité de Teotihuacán. (Mexique)

La cité de Teotihuacán, située au Mexique, est l'un des sites archéologiques les plus impressionnants et mystérieux de la civilisation précolombienne. Cette ancienne cité est célèbre pour ses pyramides massives, ses vastes avenues et son importance historique dans le monde mésoaméricain.

Teotihuacán signifie « la cité des dieux » en nahuatl, la langue des Aztèques, qui ont découvert les ruines bien après l'abandon de la cité. L'origine exacte de Teotihuacán reste un mystère, mais elle aurait été fondée vers 200 av. J.-C. Elle a prospéré jusqu'à son déclin aux alentours du VIIe siècle de notre ère.

Le cœur de Teotihuacán est dominé par deux pyramides impressionnantes : la Pyramide du Soleil et la Pyramide de la Lune. La Pyramide du Soleil est l'une des plus grandes pyramides du monde, atteignant une hauteur de 65 mètres. Ces structures étaient très probablement utilisées à des fins religieuses.

Teotihuacán possède une avenue principale appelée « l'Avenue des Morts », bordée de temples, de palais et de bâtiments résidentiels. Elle s'étend sur plus de 2 kilomètres et relie les deux grandes pyramides.

La cité de Teotihuacán était un centre de commerce, de culture et de religion pour la région mésoaméricaine. Sa population est estimée à plusieurs dizaines de milliers d'habitants à son apogée, ce qui en faisait l'une des plus grandes villes du monde antique.

La raison du déclin et de l'abandon de Teotihuacán reste inconnue, bien que des théories suggèrent des troubles sociaux, des sécheresses ou des conflits militaires. La cité a été délibérément incendiée et abandonnée vers le VIIe siècle.

En 1987, Teotihuacán a été inscrite sur la liste

du patrimoine mondial de l'UNESCO en reconnaissance de son importance culturelle et architecturale exceptionnelle.

Aujourd'hui, Teotihuacán est l'une des attractions touristiques les plus populaires du Mexique. Les visiteurs du monde entier viennent pour explorer ses ruines spectaculaires. Les chercheurs continuent également à étudier la cité pour en découvrir davantage sur son histoire et sa signification.

Malgré des décennies de recherches, de nombreux mystères entourent toujours Teotihuacán, notamment son origine, sa culture et son effondrement. L'absence d'écriture connue rend la compréhension de la cité encore plus complexe.

Teotihuacán demeure un témoignage impressionnant de l'ingéniosité architecturale et de la civilisation avancée des peuples précolombiens du Mexique. Sa majesté et son mystère continuent d'inspirer l'imagination et de fasciner ceux qui visitent ses ruines impressionnantes.

Ces sites archéologiques célèbres sont non seulement des trésors du patrimoine mondial, mais ils sont également des témoignages de la créativité, de l'ingéniosité et de l'histoire humaine. Ils inspirent les chercheurs, les voyageurs et les amateurs d'histoire du monde entier, continuant ainsi à susciter l'admiration et l'émerveillement.

Chapitre 6

Les merveilles naturelles cachées.

Enfonçons nous dans le monde secret des merveilles naturelles cachées, un royaume mystérieux où la nature s'exprime dans toute sa splendeur, loin des regards indiscrets. Nous allons plonger dans l'obscurité profonde des grottes secrètes, nous aventurer dans des forêts enchantées où la civilisation ne fait que de rares incursions, et suivre le cours des rivières souterraines qui sculptent d'étonnantes formations rocheuses. Ces trésors naturels, inaccessibles pour la plupart, recèlent des mystères et des beautés que peu d'âmes ont eu la chance de contempler.

Les grottes secrètes et leurs mystères.

Les grottes secrètes et leurs mystères sont l'une des facettes les plus intrigantes du monde souterrain. Ces sanctuaires naturels cachés sous la surface de la Terre abondent en beauté et en énigmes qui fascinent les explorateurs et les scientifiques depuis des siècles.

L'obscurité mystérieuse qui règne dans les

grottes secrètes est l'un des aspects les plus captivants et énigmatiques de ces sanctuaires souterrains. Lorsque l'on pénètre dans l'une de ces grottes, le contraste entre la lumière du monde extérieur et l'obscurité totale à l'intérieur est saisissant. C'est comme si l'on franchissait un seuil vers un autre monde, un monde où les sens sont bouleversés et où l'imagination est en éveil.

L'obscurité dans les grottes est totale, souvent sans aucune source de lumière naturelle ou artificielle. Cela crée une immersion totale dans le noir, où l'œil humain ne peut percevoir aucune couleur, aucune forme, aucune nuance. L'obscurité est si profonde que la plupart des explorateurs ont besoin de lampes frontales spéciales pour s'orienter et observer leur environnement.

Une fois à l'intérieur, il peut sembler que le temps s'arrête. Le silence est souvent presque palpable, seulement rompu par le bruit lointain de l'eau qui goutte ou le murmure d'un courant souterrain. Cette atmosphère calme et immuable ajoute à la sensation d'entrer dans un monde parallèle, un lieu hors du temps.

L'obscurité crée une atmosphère mystique et intrigante. C'est un endroit où les contours de la réalité semblent se brouiller, où l'on peut ressentir une connexion profonde avec la

Terre elle-même. Certains visiteurs décrivent une sensation de recueillement et de respect devant cette obscurité millénaire.

Dans l'obscurité des grottes, l'imagination peut s'emballer. Les ombres et les formes indistinctes peuvent sembler prendre vie, et chaque bruit mystérieux peut devenir une source de fascination ou d'appréhension. L'obscurité stimule notre curiosité et notre désir d'exploration, incitant les aventuriers à se plonger plus profondément dans l'inconnu.

Au-delà de la simple absence de lumière, l'obscurité des grottes abrite des mystères profonds. Les grottes secrètes sont souvent des mondes inexplorés, et chaque nouvelle avancée dans l'obscurité peut révéler des trésors cachés, des formations géologiques étonnantes ou des écosystèmes souterrains uniques.

En fin de compte, l'obscurité mystérieuse des grottes secrètes représente un élément essentiel de leur charme et de leur attrait. Elle invite les explorateurs à plonger dans l'inconnu, à percer les secrets des profondeurs de la Terre et à embrasser l'aventure de la découverte. C'est une invitation à se laisser emporter par la fascination de l'obscurité et à laisser son imagination s'épanouir dans ce monde mystérieux et caché.

Les cristaux scintillants présents dans certaines grottes secrètes sont l'une des merveilles les plus envoûtantes et mystérieuses de notre planète. Ces formations cristallines exceptionnelles suscitent l'émerveillement et la curiosité, tout en défiant notre compréhension de la géologie et de la formation des minéraux.

Lorsque vous entrez dans une grotte ornée de cristaux, vous êtes immédiatement frappé par l'éclat et la beauté de ces formations naturelles. Les cristaux reflètent la lumière de manière spectaculaire, créant un jeu de couleurs éblouissant qui danse sur les parois de la grotte. Des cristaux de toutes tailles et de toutes formes peuvent s'étendre sur des mètres, projetant des reflets chatoyants et évoquant un monde de conte de fées.

Les cristaux se forment au fil de milliers, voire de millions d'années, à partir de processus géologiques complexes. L'eau riche en minéraux s'infiltre dans la roche, dissolvant lentement les minéraux pour ensuite les recristalliser sous forme de cristaux. Les conditions environnementales particulières à l'intérieur des grottes, telles que la température constante et l'humidité, sont souvent essentielles à la formation de cristaux aussi spectaculaires.

L'une des grottes les plus célèbres abritant des cristaux scintillants est la grotte de Naica, au Mexique. À l'intérieur de cette grotte, on trouve des cristaux de sélénite géants, certains atteignant jusqu'à 12 mètres de long et pesant des tonnes. La grotte de Naica est l'une des merveilles géologiques les plus impressionnantes au monde, mais aussi l'une des plus difficiles à explorer en raison des conditions extrêmes à l'intérieur.

La formation de ces cristaux géants reste en grande partie une énigme pour les scientifiques. La croissance de cristaux aussi massifs nécessite des conditions géologiques très particulières, notamment une source constante de minéraux, une température stable et un temps considérable. Comprendre comment de tels cristaux ont pu se former dans les profondeurs de la Terre reste un défi scientifique en cours.

Les cristaux scintillants des grottes secrètes continuent de fasciner et d'attirer les amateurs de minéraux, les chercheurs, et les aventuriers. Ils représentent une combinaison rare de beauté naturelle et d'énigme scientifique, et chaque nouvelle découverte dans le domaine de la minéralogie apporte un nouvel éclairage sur la formation de ces trésors géologiques.

Les cristaux scintillants des grottes secrètes

incarnent la magie de la Terre elle-même. Ils nous rappellent la richesse de notre planète et les incroyables processus géologiques qui ont façonné la Terre au fil des âges. Chaque cristal est un bijou naturel, une œuvre d'art de la nature qui continue d'inspirer l'admiration et l'émerveillement devant les mystères de notre monde.

Les grottes secrètes cachent bien plus que des formations cristallines spectaculaires et des recoins mystérieux. Elles abritent également des écosystèmes inattendus qui ont évolué pour survivre dans des conditions extrêmes d'obscurité et d'isolement. Ces écosystèmes souterrains sont uniques en leur genre et révèlent la persistance étonnante de la vie, même dans les environnements les plus inhospitaliers.

Les écosystèmes souterrains des grottes secrètes sont habités par une variété de créatures adaptées à une vie sans lumière, connues sous le nom de troglobites. Ces organismes ont développé des caractéristiques spéciales pour survivre dans cet environnement sombre et isolé. Certains d'entre eux sont dépourvus de pigmentation, car la couleur n'a aucune utilité dans l'obscurité totale. D'autres ont des organes sensoriels très développés, tels que des antennes sensibles ou des organes tactiles, pour naviguer dans l'obscurité et détecter leur proie.

Les écosystèmes souterrains des grottes ne reposent pas uniquement sur des animaux. Les bactéries et les champignons jouent un rôle essentiel dans ces écosystèmes en décomposant la matière organique et en recyclant les éléments nutritifs. Ils fournissent également de la nourriture pour les autres organismes troglobites, créant ainsi une chaîne alimentaire unique dans un écosystème où la photosynthèse n'est pas possible.

Malgré leur adaptation à des conditions extrêmes, les écosystèmes souterrains sont extrêmement fragiles. Ils peuvent être perturbés par des changements environnementaux, tels que des variations de la qualité de l'eau ou de l'humidité. Les activités humaines, telles que l'exploration des grottes, peuvent également perturber ces écosystèmes sensibles. C'est pourquoi il est crucial de préserver ces environnements délicats et de minimiser l'impact de l'homme sur eux.

L'étude des écosystèmes souterrains des grottes secrètes offre des informations précieuses sur la biologie et l'écologie des espèces adaptées à des environnements extrêmes. Les scientifiques découvrent de nouvelles espèces et étudient comment elles survivent dans ces conditions particulières. Ces recherches peuvent également avoir des implications pour la recherche médicale, en examinant comment les organismes souterrains résistent à des facteurs tels que le manque de lumière et d'oxygène.

Les écosystèmes inattendus des grottes secrètes nous rappellent que la vie sur Terre est incroyablement résiliente et diversifiée. Même dans les recoins les plus sombres et les plus inaccessibles de notre planète, la nature trouve un moyen de prospérer. Ces écosystèmes souterrains sont un témoignage de la persévérance et de l'adaptabilité de la vie, ainsi qu'une source inestimable de découvertes scientifiques sur la biodiversité de notre monde.

L'histoire enfouie des grottes secrètes est une facette fascinante de ces sanctuaires souterrains. Au-delà de leur beauté naturelle et de leurs écosystèmes uniques, ces grottes recèlent des trésors archéologiques et des récits mystérieux qui révèlent une partie de notre passé humain.

De nombreuses grottes secrètes ont été habitées par des populations humaines anciennes. Des découvertes archéologiques ont révélé des vestiges de civilisations préhistoriques, notamment des outils en pierre, des peintures rupestres et des ossements humains. Ces artefacts offrent un aperçu précieux de la vie des premiers humains qui ont exploré et occupé ces grottes il y a des milliers d'années.

Certaines grottes secrètes étaient des lieux sacrés pour les civilisations anciennes. Des autels, des sculptures et des inscriptions rituelles ont été découverts dans certaines grottes, suggérant qu'elles étaient utilisées à des fins religieuses ou cérémonielles. Ces découvertes révèlent la diversité des croyances et des pratiques spirituelles de nos ancêtres.

Les grottes secrètes ont également servi de sites de sépulture pour certaines civilisations anciennes. Des tombes contenant des squelettes humains et des offrandes funéraires ont été trouvées dans certaines grottes, suggérant qu'elles étaient utilisées comme lieux de commémoration et de rituels funéraires. Ces découvertes témoignent de la manière dont les anciennes cultures honoraient leurs défunts et célébraient leurs ancêtres.

Malgré les découvertes archéologiques, de nombreuses questions subsistent quant à la signification et à l'utilisation précise de certaines grottes secrètes. Les chercheurs tentent toujours de comprendre pourquoi certaines grottes ont été choisies comme lieux de culte ou de sépulture, et comment elles étaient intégrées dans la vie quotidienne des civilisations anciennes.

La préservation de ces sites archéologiques est d'une importance cruciale pour préserver notre patrimoine culturel. Les autorités et les chercheurs travaillent ensemble pour protéger ces grottes des dommages potentiels causés par l'activité humaine et pour préserver les découvertes archéologiques pour les générations futures.

La grotte Chauvet 2, également connue sous le nom de la Grotte Chauvet-Pont-d'Arc 2, est une réplique de la célèbre Grotte Chauvet. Cette réplique a été créée pour préserver l'art pariétal exceptionnel de la grotte originale tout en permettant au public de le découvrir et de l'apprécier.

L'histoire enfouie des grottes secrètes est un rappel de la richesse de notre passé et de la manière dont nos ancêtres ont interagi avec ces environnements souterrains. Ces découvertes archéologiques ajoutent une couche supplémentaire d'intrigue et de mystère à ces grottes déjà énigmatiques, nous invitant à explorer davantage les récits cachés de notre histoire.

Les grottes représentent un terrain d'exploration continu, même à l'ère moderne. Les spéléologues, les géologues, les archéologues et les chercheurs de tous horizons continuent de repousser les limites de la connaissance en explorant les grottes du monde entier. Leurs découvertes élargissent notre compréhension de la planète et ouvrent la voie à de nouvelles questions et investigations.

Les grottes secrètes et leurs mystères représentent un rappel fascinant de la richesse et de la complexité de la nature, ainsi que de la persévérance de l'exploration humaine. Chaque descente dans l'obscurité révèle un peu plus de la magie et de l'intrigue de ces endroits extraordinaires, et chaque découverte soulève de nouvelles questions sur la Terre que nous habitons. Les grottes secrètes demeurent une invitation à percer les secrets de la planète et à embrasser l'aventure de l'inconnu.

Forêts enchantées et lieux inaccessibles.

Les forêts enchantées et les lieux inaccessibles sont des destinations magiques pour les explorateurs intrépides à la recherche de l'inconnu. Ces lieux mystérieux captivent l'imagination et offrent un terrain d'aventure unique.

Les forêts enchantées sont des endroits où la nature prend une dimension presque magique. Elles sont souvent caractérisées par d'épais feuillages, des arbres centenaires, des ruisseaux murmurs et une atmosphère paisible et envoûtante. Marcher à travers ces bois évoque des contes de fées, et on peut s'attendre à trouver des fées, des elfes ou d'autres créatures légendaires cachées parmi les arbres.

Les forêts enchantées abritent des mystères naturels. Certaines d'entre elles contiennent des arbres étrangement tordus ou des formations rocheuses uniques, dont l'origine suscite la curiosité des chercheurs. Les écosystèmes forestiers abritent également une biodiversité fascinante, y compris des espèces rares et des plantes médicinales traditionnelles.

Les endroits inaccessibles, tels que des montagnes éloignées, des îles isolées ou des régions polaires désertiques, sont des terres vierges où la civilisation moderne a peu d'emprise. Ils sont souvent difficiles d'accès en raison de conditions météorologiques extrêmes ou de terrains accidentés. Les explorer est un défi physique et mental qui offre des récompenses inestimables en termes de découvertes et de perspectives.

Les régions reculées sont parfois habitées par des cultures autochtones qui ont développé des modes de vie uniques et une relation profonde avec leur environnement. Interagir avec ces communautés peut offrir un aperçu précieux des traditions anciennes et des savoirs locaux sur la nature.

Les forêts enchantées et les lieux inaccessibles sont souvent des sanctuaires pour la faune et la flore. Leur préservation est cruciale pour protéger des espèces menacées et pour étudier des écosystèmes non perturbés par l'activité humaine. Les efforts de conservation visent à maintenir ces habitats naturels intacts.

Même à l'ère moderne, l'exploration de ces endroits reculés reste une aventure audacieuse. Les chercheurs, les alpinistes, les aventuriers et les scientifiques repoussent constamment les limites de l'exploration, cherchant à percer les mystères cachés dans les coins les plus reculés de la planète.

Les forêts enchantées et les lieux inaccessibles nous rappellent que la Terre est encore pleine de merveilles à découvrir. Ils nous invitent à explorer les endroits les plus éloignés de la civilisation moderne, à entrer en contact avec la nature sauvage et à préserver ces environnements uniques pour les générations futures. Ils nous offrent un aperçu de la magie de la nature et de la richesse des mystères que la planète continue de nous révéler.

Rivières souterraines et formations rocheuses étonnantes.

Les rivières souterraines et les formations rocheuses sont des joyaux cachés de notre planète, offrant une expérience d'exploration unique et intrigante. Ces environnements mystérieux nous transportent dans un monde fascinant de beauté géologique et de phénomènes naturels extraordinaires.
Les rivières souterraines serpentent à travers des réseaux de grottes et de cavernes, créant des labyrinthes fascinants. L'exploration de ces cours d'eau souterrains nécessite souvent de la spéléologie, une discipline qui consiste à naviguer dans des environnements souterrains complexes. Ces aventures conduisent les explorateurs à découvrir des passages secrets, des cascades souterraines et des chambres subaquatiques.
Les formations rocheuses étonnantes se trouvent souvent à proximité des rivières

souterraines. Les stalactites, stalagmites, draperies de calcite et d'autres structures géologiques se forment au fil des millénaires à mesure que l'eau s'infiltre et laisse derrière elle des dépôts minéraux. Ces formations sont de véritables œuvres d'art de la nature, créant des paysages souterrains dignes d'un conte de fées.

Certaines rivières souterraines coulent à des profondeurs insondables, loin de la lumière du jour. Leurs origines et leurs destinations peuvent être un mystère, et suivre leur cours est une aventure pleine de surprises. L'exploration des rivières souterraines nécessite souvent une combinaison de plongée sous-marine et de spéléologie, ce qui ajoute un niveau d'excitation et de défi.

La préservation des rivières souterraines et des formations rocheuses est cruciale pour protéger ces écosystèmes délicats et ces paysages géologiques uniques. Les efforts de conservation visent à maintenir l'intégrité de ces environnements et à minimiser l'impact humain sur eux.

L'exploration des rivières souterraines est un domaine en constante évolution. Les explorateurs modernes, les spéléologues, les géologues et les chercheurs repoussent constamment les limites de la connaissance, découvrant de nouveaux systèmes souterrains et en apprenant davantage sur les merveilles géologiques de la Terre.

En fin de compte, les rivières souterraines et les formations rocheuses nous rappellent que la Terre est pleine de surprises et de beauté inexplorée. Leurs eaux obscures et leurs paysages géologiques spectaculaires attirent les aventuriers et les amoureux de la nature du monde entier, les invitant à découvrir les mystères cachés sous la surface de notre planète et à préserver ces trésors pour les générations futures.

Chapitre 7

Les phénomènes inexpliqués

Dans notre quête incessante pour explorer les mystères du monde, nous nous sommes souvent retrouvés face à des phénomènes qui défient toute explication rationnelle. Ces énigmes intrigantes nous plongent dans l'inconnu, défient nos croyances et alimentent notre imagination. Dans ce chapitre, nous allons plonger dans les profondeurs des phénomènes inexpliqués, en explorant des histoires de lieux hantés, des rencontres avec des extraterrestres et les mystères des phénomènes paranormaux et inexpliqués.

Histoires de lieux hantés.

Les histoires de lieux hantés ont traversé les âges, captivant l'imagination et suscitant un mélange de fascination et de crainte. Voici quelques exemples de lieux hantés célèbres à travers le monde, chacun porteur de son propre mystère et de son lot d'histoires troublantes.

Le Château de Bran

Situé en Roumanie, est peut-être l'un des lieux hantés les plus célèbres du monde, en grande partie grâce à son association avec la légende de Dracula. Ce château impressionnant est perché au sommet d'une colline dans les Carpates, non loin de la ville de Brașov. Bien qu'il ait acquis une renommée mondiale grâce à son lien avec le vampire le plus célèbre de la littérature, le Château de Bran est également réputé pour être hanté par des présences surnaturelles.

Le Château de Bran a été construit au XIVe siècle pour servir de fortification stratégique contre les invasions ottomanes. Au fil des siècles, il a été utilisé à des fins militaires, administratives et même comme résidence royale. Son architecture imposante, avec ses tours crénelées et ses murs épais, en fait un exemple emblématique des châteaux médiévaux européens.

Le Château de Bran doit sa renommée internationale au fait qu'il est souvent associé au personnage de Dracula, le vampire légendaire créé par l'écrivain Bram Stoker. Bien que Dracula soit un personnage de fiction, le roman de Stoker a été inspiré en partie par la figure historique de Vlad III, surnommé Vlad l'Empaleur. Vlad III était un prince roumain du

XVe siècle qui est devenu célèbre pour ses méthodes brutales de gouvernance. Le château est devenu un lieu de pèlerinage pour les amateurs de Dracula et les curieux du monde entier.

Outre son lien avec Dracula, le Château de Bran est également réputé pour être hanté. Les visiteurs et les membres du personnel ont rapporté des expériences paranormales, notamment des apparitions, des bruits étranges et des sensations inexplicables. L'une des histoires les plus célèbres est celle d'une femme en blanc, souvent interprétée comme l'âme errante de l'une des victimes de Vlad l'Empaleur.

Le Château de Bran continue d'attirer les amateurs d'histoire, les passionnés de vampires et les chercheurs du paranormal. Bien que les preuves scientifiques des hantises restent discutables, l'atmosphère mystique du château et son association avec Dracula continuent de captiver l'imagination. Les visites guidées vous emmènent à travers ses couloirs sombres, ses escaliers en colimaçon et ses pièces richement décorées, ajoutant une couche d'intrigue supplémentaire à l'expérience.

Que vous soyez un adepte de l'histoire médiévale, un amateur de vampires ou simplement un aventurier curieux, le Château de Bran est un lieu qui vous plongera dans une époque fascinante et vous fera réfléchir sur les mystères qui peuvent habiter même les endroits les plus célèbres de notre histoire.

La Maison de Borley.
*S*ituée au Royaume-Uni, est largement considérée comme l'une des maisons les plus hantées du monde. Son histoire riche en phénomènes paranormaux a captivé l'imagination des chercheurs du paranormal, des écrivains et des enquêteurs depuis des décennies. Cette demeure lugubre a généré une quantité impressionnante d'histoires troublantes et de rapports d'expériences surnaturelles.

La Maison de Borley a été construite en 1863 pour le révérend Henry Dawson Ellis Bull, et elle est située dans le village de Borley, dans le comté de l'Essex, en Angleterre. Dès le début, la maison a été le théâtre de phénomènes étranges, y compris des bruits inexplicables et des objets qui semblaient se déplacer d'eux-mêmes.

En 1928, la maison a été louée par la famille Foyster, qui a vécu une série d'événements paranormaux, notamment des manifestations poltergeist, des apparitions fantomatiques et des messages écrits sur les murs de la maison. Ces incidents ont attiré l'attention de la presse et des enquêteurs du paranormal.

L'un des enquêteurs les plus célèbres de la Maison de Borley était le révérend Harry Price, un écrivain et chercheur du paranormal. Price a mené des enquêtes approfondies dans la maison dans les années 1930 et 1940, recueillant des témoignages et des preuves de phénomènes paranormaux. Ses recherches ont fait de Borley un nom familier dans le monde du paranormal.

En 1939, un incendie a partiellement détruit la Maison de Borley, mais elle a été reconstruite plus tard. En 1944, elle a été vendue aux enchères et finalement démolie en 1945. Les raisons de l'incendie et de la démolition restent entourées de mystère.

La Maison de Borley a laissé un héritage durable dans le monde du paranormal. Ses histoires ont été publiées dans de nombreux livres, articles et documentaires. Certains enquêteurs du paranormal prétendent même que les phénomènes hantant Borley ont continué après la démolition de la maison.

Malgré les doutes et les controverses qui entourent les événements de la Maison de Borley, son statut en tant que l'une des maisons hantées les plus célèbres du monde demeure incontesté. Que vous soyez un sceptique ou un passionné du paranormal, l'histoire de Borley est une fenêtre intrigante sur le monde des phénomènes inexpliqués, et elle continue d'inspirer la recherche et l'imagination.

Le RMS Queen Mary.
Amarré à Long Beach, en Californie, est l'un des navires les plus célèbres du monde non seulement en raison de son histoire maritime, mais aussi en raison des nombreuses histoires de hantises qui l'entourent. Ce majestueux paquebot de croisière, qui a navigué pour la première fois en 1936, est maintenant un hôtel et un musée, mais il est également réputé pour être hanté par des esprits errants.
Le Queen Mary a été construit comme paquebot de luxe pour la compagnie maritime Cunard Line. Pendant sa carrière, il a transporté des célébrités, des dignitaires et des passagers du monde entier à travers l'océan Atlantique. Il est devenu un symbole de l'âge d'or des paquebots de croisière.
Pendant la seconde guerre mondiale, le Queen Mary a été réquisitionné par la Marine royale britannique et converti en un navire de transport de troupes. Il a joué un rôle crucial dans le transport de milliers de soldats alliés

vers l'Europe. Son service pendant la guerre a été marqué par plusieurs incidents, dont une collision avec un navire de guerre britannique. Depuis son amarrage permanent à Long Beach en 1967, le Queen Mary est devenu un lieu de rencontres avec le paranormal. Des visiteurs, des membres du personnel et des enquêteurs du paranormal ont signalé des apparitions, des bruits étranges, des portes qui se ferment d'elles-mêmes et d'autres phénomènes inexplicables à bord du navire.

Parmi les esprits présumés hanter le Queen Mary, il est souvent question de John Henry, un mécanicien qui aurait été écrasé dans la salle des machines, et de Jackie, une jeune fille qui aurait péri dans une piscine à bord. Ces histoires ont alimenté la réputation hantée du navire.

Le Queen Mary propose également des visites et des événements axés sur le paranormal, notamment des visites de nuit et des enquêtes paranormales guidées. Ces activités attirent les amateurs d'histoires de fantômes et de mystères non résolus.

Que l'on croie ou non aux phénomènes paranormaux, le Queen Mary reste un lieu chargé d'histoire et de mystère. Son passé en tant que navire de guerre, sa longue carrière en tant que paquebot de croisière et son statut actuel en tant qu'hôtel et musée en font un lieu fascinant à visiter, que ce soit pour son histoire maritime ou pour le frisson de l'inconnu qui règne à bord.

Le château d'Édimbourg

Majestueusement perché sur une colline volcanique au cœur de la capitale écossaise, est l'une des forteresses les plus emblématiques du monde et un symbole incontestable de l'Écosse. Son histoire s'étend sur des siècles, remontant à l'époque médiévale, et il est également réputé pour être hanté par divers esprits et fantômes.

Le Château d'Édimbourg a des origines qui remontent au XIIe siècle, lorsque le roi David Ier d'Écosse a ordonné la construction d'une forteresse en bois sur la colline de Castle Rock. Au fil des ans, la forteresse a été reconstruite en pierre et a joué un rôle essentiel dans l'histoire de l'Écosse en tant que siège du pouvoir royal, forteresse militaire et symbole de la résistance écossaise contre les envahisseurs.

Le Château d'Édimbourg est réputé pour être hanté par plusieurs esprits, et les témoignages d'expériences paranormales sont nombreux. Parmi les fantômes les plus célèbres, on trouve le « Fantôme du musicien », qui serait l'âme tourmentée d'un joueur de cornemuse, ainsi que le « Fantôme de la Dame en rouge », qui a été aperçu errant dans le château.

Aujourd'hui, le Château d'Édimbourg est l'une des principales attractions touristiques d'Écosse, attirant des millions de visiteurs chaque année. Il abrite des expositions fascinantes sur l'histoire écossaise, la monarchie et la guerre. Les visiteurs peuvent également découvrir les cachots sombres où certains prétendent avoir ressenti des présences surnaturelles.

Une tradition unique se déroule chaque jour à 13 heures au château d'Édimbourg. Un canon est tiré depuis Mills Mount, créant une détonation retentissante. Cette tradition a été maintenue pendant des années, et la légende veut qu'elle ait été instaurée pour permettre aux marins de l'horloge de régler leur montre. Le château d'Édimbourg a également une histoire militaire impressionnante, ayant été le théâtre de nombreux conflits et sièges au fil des siècles. Les régiments militaires écossais y ont trouvé leur foyer, et le château reste un symbole de la fierté et du courage écossais.

Que l'on s'intéresse à l'histoire, à l'architecture ou au surnaturel, le Château d'Édimbourg offre une expérience riche en découvertes. Les visiteurs peuvent explorer ses murs, ses tours, ses musées et, peut-être, ressentir l'étrange sensation d'être observé par les fantômes du passé, ajoutant ainsi une dimension mystique à cette icône écossaise emblématique.

La maison Winchester.
Située à San Jose, en Californie, est une demeure exceptionnelle, à la fois par son architecture excentrique et par son histoire entourée de mystères et de phénomènes paranormaux. Construite au XIXe siècle, cette maison est l'une des résidences les plus célèbres des États-Unis en raison de sa construction sans fin et de sa réputation de lieu hanté.

La maison Winchester, également connue sous le nom de « Winchester Mystery House », a été construite à partir de 1884 par Sarah Winchester, l'héritière de la fortune de la société Winchester Repeating Arms Company, célèbre pour son célèbre fusil de chasse à répétition. Sarah Winchester a hérité d'une immense fortune à la mort de son mari et de son fils, et elle croyait fermement être maudite par les esprits des personnes tuées par les armes à feu Winchester. Pour apaiser ces esprits, elle a entrepris de construire une maison en perpétuel agrandissement.

La Maison Winchester est connue pour son

architecture étonnante et chaotique. Au fil des années, Sarah Winchester a ajouté de nombreuses caractéristiques bizarres à la maison, notamment des escaliers qui ne mènent nulle part, des portes murées et des passages secrets. Certains pensent que ces ajouts ont été conçus pour dérouter les esprits qui la hantaient.

De nombreux visiteurs et enquêteurs du paranormal affirment avoir vécu des expériences étranges à la maison Winchester. On dit que la maison est hantée par les esprits des personnes tuées par les armes à feu Winchester, et certains prétendent avoir entendu des bruits étranges, vu des apparitions et ressenti des présences surnaturelles lors de leur visite.

L'une des caractéristiques les plus célèbres de la maison est la « suite des 13 ». Cette suite se compose de 13 pièces, dont certaines sont cachées, et elle est considérée comme particulièrement hantée. Sarah Winchester aurait utilisé le chiffre 13 à de nombreuses reprises dans la maison pour repousser les esprits maléfiques.

Aujourd'hui, la maison Winchester est une attraction touristique populaire. Les visiteurs peuvent explorer les nombreux couloirs, chambres et passages secrets de la maison lors de visites guidées. Les guides partagent l'histoire de Sarah Winchester, les légendes entourant la maison et les témoignages de phénomènes paranormaux.

Que l'on soit intéressé par l'histoire fascinante de Sarah Winchester, l'architecture insolite de la maison ou les mystères paranormaux, la maison Winchester offre une expérience unique qui continue de captiver l'imagination. Elle reste l'un des lieux les plus intrigants et les plus mystérieux des États-Unis, un rappel énigmatique du pouvoir des croyances et des superstitions.

Le Château de Leap
Situé dans le comté de Cork, en Irlande, est l'un des châteaux les plus pittoresques et les plus hantés du pays. Niché au cœur de la belle campagne irlandaise, ce château médiéval offre un mélange unique d'histoire, de légendes locales et de phénomènes paranormaux qui attirent les amateurs d'histoires de fantômes du monde entier.

Le château de Leap remonte au XVe siècle et a été construit en tant que fortification défensive. Il a changé de propriétaires et de fonctions au fil des siècles, passant de la famille Barry à la famille Townsend. Le château a été agrandi et rénové à plusieurs reprises au cours de son histoire.

Le château de Leap est célèbre pour ses histoires de hantises. De nombreuses personnes prétendent avoir vécu des expériences paranormales à l'intérieur de ses murs, notamment des apparitions, des voix mystérieuses et des bruits étranges. L'un des esprits les plus connus est celui d'une jeune femme nommée Hélène, qui aurait été une domestique du château et qui est souvent aperçue vêtue de blanc.

En raison de sa réputation hantée, le château de Leap propose des visites guidées spéciales axées sur les phénomènes paranormaux. Les visiteurs peuvent participer à des enquêtes paranormales et utiliser des équipements de détection des esprits pour tenter de capter des preuves de l'activité surnaturelle.

Aujourd'hui, le château de Leap est ouvert au public et exploité en tant que lieu de tourisme. Il offre une occasion unique de plonger dans l'histoire médiévale de l'Irlande tout en explorant les mystères qui entourent le château.

Le château de Leap est bien plus qu'une simple ruine historique. C'est un endroit où l'histoire se mêle à l'intrigue surnaturelle, offrant une expérience fascinante pour les visiteurs qui sont à la recherche d'un aperçu du passé de l'Irlande et d'une éventuelle rencontre avec le monde des esprits. Que l'on soit croyant ou sceptique, il est difficile de ne pas être captivé par l'aura de mystère qui entoure ce château irlandais.

La Maison Myrtles
*S*ituée à St. Francisville, en Louisiane, est l'une des maisons les plus hantées des États-Unis. Cette magnifique demeure a une histoire riche en tragédies et en mystères, ce qui en fait un lieu de fascination pour les amateurs d'histoires de fantômes et d'expériences paranormales.

La maison Myrtles a été construite en 1796 par le General David Bradford et est un exemple exceptionnel de l'architecture du Sud des États-Unis. Elle est entourée de magnifiques jardins et de majestueux chênes espagnols, ce qui en fait un lieu impressionnant.

La légende la plus célèbre de la maison Myrtles concerne Chloe, une esclave qui travaillait à la maison. Selon la légende, Chloe aurait été punie pour une mauvaise action en ayant une oreille coupée. Pour se venger, elle aurait empoisonné la famille en préparant un gâteau, mais son plan aurait mal tourné, causant la mort de plusieurs membres de la famille. Chloe aurait été pendue en punition de ses actes, et son esprit hante la maison depuis.

De nombreux visiteurs et résidents de la maison Myrtles ont signalé des phénomènes paranormaux, notamment des apparitions de fantômes, des bruits inexplicables, des odeurs étranges et des sensations de présences surnaturelles. La photographie de la maison a également révélé des silhouettes mystérieuses.

Aujourd'hui, la maison Myrtles est une attraction touristique majeure. Les visiteurs peuvent participer à des visites guidées qui explorent l'histoire de la maison, la légende de Chloe et les phénomènes paranormaux qui y ont été rapportés. Certains choisissent même de passer la nuit dans la maison dans l'espoir de vivre une expérience paranormale.

La réputation hantée de la maison Myrtles l'a rendue célèbre dans la culture populaire. Elle a été présentée dans de nombreux livres, documentaires et émissions de télévision sur les phénomènes paranormaux.

Que l'on croie ou non aux phénomènes paranormaux, la maison Myrtles offre une expérience unique qui mélange l'histoire du Sud des États-Unis avec le mystère et l'aura de l'inexpliqué. Pour ceux qui sont prêts à plonger dans le monde du surnaturel, la maison Myrtles est un lieu fascinant à explorer, où les frontières entre le passé et le présent, la réalité et le surnaturel semblent se fondre.

Le village de Pluckley.
Situé dans le comté de Kent, au Royaume-Uni, est l'un des lieux les plus hantés et mystérieux d'Angleterre. Cette petite communauté pittoresque est entourée de champs verdoyants, de vieux cottages et de chemins de campagne, mais elle est également célèbre pour ses nombreuses histoires de hantises et de phénomènes paranormaux.
Pluckley a une histoire qui remonte à l'époque médiévale, et il a conservé son charme rural au fil des siècles. Le village est entouré de beaux paysages, de forêts et de champs, ce qui en fait un lieu attrayant pour les visiteurs.
Pluckley est souvent surnommé « le village le plus hanté d'Angleterre ». Les habitants et les visiteurs prétendent avoir vécu une multitude d'expériences paranormales, notamment des apparitions de fantômes, des voix étranges et des phénomènes inexplicables. Parmi les lieux hantés les plus célèbres de Pluckley, on trouve l'église St. Nicholas, le « Puits des suicidés » et le « Pont hurlant ».
Le Puits des suicidés est un ancien puits situé près du cimetière du village. On dit que plusieurs personnes se sont suicidées en

sautant dans le puits au fil des ans. Le puits est réputé pour être hanté, et certains prétendent avoir entendu des gémissements provenant de ses profondeurs.

Le « Pont hurlant » est un pont de pierre qui traverse la rivière Dering. On raconte que le pont tire son nom du cri effrayant qu'un fantôme aurait émis lorsqu'il a été enterré vivant sous ses arches.

En raison de sa réputation hantée, Pluckley attire de nombreux amateurs de paranormal. Il existe des visites guidées spéciales qui emmènent les visiteurs à la découverte des lieux hantés du village, tout en partageant des histoires de fantômes et de légendes locales.

La Maison Dering, une demeure du XVIIIe siècle située à Pluckley, est également réputée pour être hantée. Les habitants et les visiteurs ont signalé des apparitions et des bruits étranges à l'intérieur de la maison.

Que l'on soit un passionné d'histoire, un chercheur de sensations fortes ou un amateur de mystères, le Village de Pluckley offre une expérience unique. Il est imprégné d'un passé riche en légendes et en phénomènes paranormaux, ce qui en fait un lieu fascinant à visiter pour ceux qui cherchent à percer les secrets du monde surnaturel.

Ces lieux hantés sont bien plus que des endroits où des histoires effrayantes sont racontées. Ils sont imprégnés d'une aura de mystère qui attire les amateurs d'histoires paranormales et d'exploration de l'inconnu. Chacun d'entre eux offre un aperçu fascinant des récits qui ont survécu à travers le temps et continue de hanter notre imagination.

Rencontres avec des extraterrestres.

Les rencontres avec des extraterrestres sont un phénomène intrigant et controversé qui a captivé l'imagination de nombreuses personnes à travers le monde. Bien que certaines personnes soient sceptiques quant à l'existence d'une vie extraterrestre intelligente, d'autres prétendent avoir eu des expériences directes avec des êtres venus d'ailleurs.

Les témoignages d'enlèvements extraterrestres sont parmi les rencontres les plus controversées et mystérieuses liées aux phénomènes extraterrestres. Bien que ces récits aient été largement étudiés, critiqués et discutés, ils continuent de fasciner de nombreuses personnes à travers le monde.

Les témoins d'enlèvements extraterrestres rapportent souvent des expériences similaires.

Ils décrivent avoir été soumis à des examens médicaux, notamment des prélèvements d'échantillons biologiques, des examens gynécologiques, des analyses de leur système nerveux, et plus encore. Les individus prétendent souvent avoir été conduits à bord d'objets volants non identifiés (OVNI) ou dans des vaisseaux extraterrestres.

Les témoins décrivent fréquemment les êtres extraterrestres responsables de leurs enlèvements comme des « Gris », de petites créatures humanoïdes à la peau pâle, aux grands yeux noirs et aux têtes disproportionnées. Les détails de ces descriptions varient, mais les similitudes sont frappantes.

L'un des aspects les plus énigmatiques des enlèvements extraterrestres est la perte de temps. Les témoins disent souvent avoir perdu plusieurs heures, voire plusieurs jours, sans pouvoir expliquer où ils étaient passés. Ils peuvent se réveiller dans un endroit différent de celui où ils se souviennent avoir été enlevés.

Les personnes qui prétendent avoir été enlevées rapportent souvent des réactions émotionnelles intenses, notamment la peur, l'anxiété et la confusion. Ces expériences laissent souvent des séquelles psychologiques durables, telles que le syndrome de stress post-traumatique.

Les témoignages d'enlèvements extraterrestres sont hautement controversés. Les sceptiques estiment généralement que ces récits sont le résultat de rêves lucides, de paralysies du sommeil, de troubles mentaux ou d'autres explications rationnelles. Les enquêteurs du paranormal, quant à eux, considèrent ces témoignages comme des preuves potentielles de contacts extraterrestres.

Depuis les années 1960, des chercheurs et des enquêteurs ont recueilli des milliers de témoignages d'enlèvements extraterrestres. Des organisations telles que le Center for the Study of Extraterrestrial Intelligence (CSETI) et le Mutual UFO Network (MUFON) ont tenté d'examiner ces cas et de trouver des preuves pour étayer ces récits.

Les témoins d'enlèvements extraterrestres sont souvent à la recherche de réponses à leurs expériences. Les chercheurs cherchent à comprendre la nature de ces événements et à déterminer s'ils ont une explication psychologique, extraterrestre ou autre.

Les témoignages d'enlèvements extraterrestres restent un mystère non résolu de notre époque. Qu'il s'agisse de manifestations de phénomènes psychologiques ou de véritables contacts avec des entités extraterrestres, ces récits continuent de susciter fascination et controverse, alimentant notre quête de compréhension de l'inconnu.

Les observations d'objets volants non identifiés (OVNI) sont l'un des aspects les plus intrigants du phénomène extraterrestre. Les OVNI sont des objets ou des phénomènes aériens qui ne peuvent pas être identifiés de manière conventionnelle comme des avions, des ballons, ou tout autre objet volant connu. Depuis des décennies, des personnes du monde entier ont signalé des observations d'OVNI, alimentant le débat sur la possibilité de la visite d'êtres extraterrestres sur Terre.

Les observations d'OVNI varient considérablement en termes de forme, de taille, de vitesse et de comportement. Les témoins rapportent souvent avoir vu des lumières étranges dans le ciel, des objets en forme de soucoupe volante, des formations de lumières en vol stationnaire, ou même des engins volants se déplaçant à des vitesses incroyables.

Parmi les témoins d'observations d'OVNI, on trouve souvent des personnes crédibles, telles que des pilotes, des astronautes, des militaires et des professionnels de l'aviation. Leurs témoignages sont parfois corroborés par des enregistrements radar, des photos ou des vidéos.

De nombreux pays ont déclassifié des rapports militaires sur des rencontres avec des OVNI. Ces documents révèlent que les militaires eux-mêmes ont observé et enquêté sur des objets aériens non identifiés, parfois sans pouvoir expliquer leur origine ou leur technologie.

Les sceptiques suggèrent souvent que de nombreuses observations d'OVNI peuvent être expliquées par des phénomènes naturels, des ballons météorologiques, des avions de chasse, des drones, des ballons-sondes, des lanternes chinoises, ou encore des illusions d'optique. Cependant, certaines observations restent non expliquées.

Des projets de recherche indépendants, tels que le projet Blue Book de l'US Air Force dans les années 1950 et 1960, ont tenté d'examiner et de classer les observations d'OVNI. Ces projets ont abouti à la classification de la plupart des cas comme « non identifiés », ce qui signifie qu'ils n'avaient pas d'explication conventionnelle.

Pour certains, les OVNI sont des preuves de la visite d'extraterrestres sur Terre. Ils considèrent que ces objets sont des vaisseaux spatiaux pilotés par des êtres venus d'ailleurs.

Cependant, aucune preuve irréfutable n'a encore été apportée pour étayer cette hypothèse.

Les enquêteurs et les chercheurs continuent d'étudier les observations d'OVNI dans l'espoir de trouver des preuves tangibles de leur origine.

Les observations d'OVNI demeurent l'une des énigmes les plus persistantes de notre monde. Qu'elles soient le résultat de phénomènes naturels, de technologies avancées secrètes ou d'une visite extraterrestre, elles continuent de susciter fascination et débat, alimentant notre quête de réponses à l'inconnu qui règne dans les cieux.

La diversité des rencontres liées aux phénomènes extraterrestres est l'un des aspects les plus intrigants de ce domaine. Les témoins qui prétendent avoir eu des expériences avec des êtres extraterrestres rapportent une vaste gamme d'expériences, allant des interactions amicales aux expériences traumatisantes. Cette variété témoigne de la complexité du phénomène et suscite de nombreuses questions.

Certains témoins décrivent des rencontres extraterrestres comme étant bienveillantes et spirituelles. Ils prétendent avoir été en contact avec des entités qui leur ont transmis des messages de paix, d'amour et d'unité. Ces expériences sont souvent empreintes d'une dimension spirituelle et transcendantale.

D'autres rapportent des contacts physiques avec des êtres extraterrestres. Ces rencontres peuvent inclure des examens médicaux, des prélèvements biologiques, des communications télépathiques et même des voyages à bord d'OVNI. Ces expériences peuvent être à la fois troublantes et fascinantes pour les témoins.

Malheureusement, certaines personnes prétendent avoir vécu des rencontres extraterrestres traumatisantes. Elles décrivent des enlèvements, des expériences médicales intrusives et des interactions effrayantes avec des entités extraterrestres. Ces expériences peuvent laisser des séquelles psychologiques profondes.

Il est important de noter que toutes les rencontres extraterrestres ne se produisent pas dans le monde physique. Certains individus disent avoir eu des visions, des rêves ou des expériences de conscience altérée qui les ont mis en contact avec des entités extraterrestres.

La variété des entités décrites dans les rencontres extraterrestres est également remarquable. En plus des « Gris » bien connus, certains témoins décrivent des humanoïdes, des êtres de lumière, des créatures insectoïdes et d'autres formes d'entités extraterrestres.

Les rencontres extraterrestres sont souvent influencées par le contexte culturel du témoin. Par exemple, dans certaines cultures, les rencontres avec des entités célestes sont perçues comme des expériences spirituelles, tandis que dans d'autres, elles sont interprétées comme des événements paranormaux ou extraterrestres.

De nombreuses personnes qui prétendent avoir eu des rencontres extraterrestres rapportent des changements profonds dans leur vie. Ces expériences peuvent provoquer une quête spirituelle, un intérêt accru pour la science, des préoccupations environnementales, ou même des changements de carrière.

La diversité des rencontres extraterrestres a alimenté des débats considérables au sein de la communauté ufologique et de la science. Les chercheurs tentent de comprendre si ces expériences ont une base psychologique, une origine extraterrestre, ou d'autres explications.

La diversité des rencontres extraterrestres montre à quel point ce domaine est complexe et mystérieux. Que l'on soit croyant ou sceptique, il est indéniable que ces témoignages continuent de fasciner et de susciter des questions sur la nature de l'univers et notre place en son sein.

Les recherches et enquêtes concernant les rencontres extraterrestres sont menées par des individus et des organisations qui cherchent à élucider le mystère entourant ce phénomène. Ces enquêtes visent à collecter des preuves, à analyser des témoignages et à évaluer la crédibilité des récits pour tenter de déterminer si les rencontres avec des êtres extraterrestres sont réelles et, le cas échéant, quelles sont leurs origines.

Les enquêteurs recueillent des témoignages de personnes qui prétendent avoir eu des rencontres avec des extraterrestres. Ces témoignages peuvent être recueillis de manière anonyme ou publique, selon la préférence du témoin.

Les enquêteurs mènent des entretiens approfondis avec les témoins pour recueillir des détails précis sur leur expérience. Ils cherchent à obtenir des informations sur le lieu, la date, l'heure, les caractéristiques des êtres extraterrestres, le déroulement de l'événement, et les effets sur le témoin.

Si possible, les enquêteurs examinent les preuves physiques liées à l'observation. Cela peut inclure des photographies, des vidéos, des enregistrements radar, des échantillons de sol ou d'autres éléments matériels qui peuvent corroborer le témoignage.

Les enquêteurs évaluent la crédibilité des témoins en tenant compte de leur historique personnel, de leur état mental, de leur absence de motivations personnelles, et de la cohérence de leur récit. Ils examinent également si le témoin pourrait avoir confondu l'observation avec des phénomènes naturels ou des objets conventionnels.

Les enquêteurs examinent les tendances et les modèles émergents parmi les témoignages. Ils cherchent des similitudes dans les descriptions des êtres extraterrestres, des OVNI, des motifs d'enlèvements, et d'autres caractéristiques des rencontres.

Les enquêteurs collaborent souvent avec d'autres chercheurs, organisations ufologiques ou groupes d'enquête pour partager des données, des informations et des analyses. Cette collaboration peut permettre une approche plus complète du phénomène.

Les résultats des enquêtes sont souvent diffusés sous forme de rapports, de conférences, d'articles scientifiques ou de présentations publiques. Les enquêteurs cherchent à sensibiliser le public et à partager leurs découvertes, qu'elles soient concluantes ou non.

Les résultats des enquêtes sur les rencontres extraterrestres suscitent souvent des débats et des controverses. Les sceptiques remettent en question la validité des témoignages, tandis que les croyants estiment que les preuves justifient une reconnaissance plus large du phénomène.

En fin de compte, les recherches et enquêtes sur les rencontres extraterrestres continuent de diviser la communauté scientifique et le grand public. Certains considèrent que ces enquêtes sont essentielles pour comprendre la nature du phénomène, tandis que d'autres estiment qu'il s'agit principalement de récits non vérifiables. Le débat sur ce sujet persiste, alimentant notre fascination pour l'inconnu et l'énigmatique.

Malgré des décennies d'études et de témoignages, le phénomène reste entouré d'incertitudes et de questions sans réponse.

Les enquêtes ont recueilli de nombreux témoignages et observations, mais il manque toujours des preuves physiques irréfutables pour étayer la réalité des rencontres extraterrestres. Les photographies, vidéos et autres éléments matériels restent souvent sujets à controverse.

Les rencontres extraterrestres peuvent être expliquées de différentes manières, notamment par des phénomènes psychologiques, des illusions d'optique, des avions ou drones, des ballons météorologiques, des activités militaires secrètes, ou même des canulars. Cette variété d'explications rend difficile la détermination de la véritable origine des observations.

Les témoignages de rencontres extraterrestres varient énormément en termes de détails, de crédibilité et de cohérence. Certains récits sont bien documentés et convaincants, tandis que d'autres sont vagues et peu fiables. Il est difficile de trier le vrai du faux parmi ces récits. La communauté scientifique reste sceptique à l'égard des rencontres extraterrestres en raison du manque de preuves solides et de la possibilité d'explications terrestres pour de nombreux cas. Les chercheurs préfèrent se concentrer sur des phénomènes bien établis et vérifiables.

Le domaine des rencontres extraterrestres est souvent entaché de controverses et de désinformation. Les canulars, les fraudes et les récits sensationnels rendent difficile la séparation des faits réels des récits inventés.

Les enquêtes sur les rencontres extraterrestres sont souvent sous-financées et manquent de ressources pour mener des recherches approfondies. Le manque de soutien financier limite la portée et la rigueur des études.

Bien que de nombreuses personnes soient convaincues d'avoir eu des rencontres avec des extraterrestres et que certains éléments puissent sembler convaincants, le mystère persiste en grande partie en raison du manque de preuves solides et d'une explication définitive. Les chercheurs continuent de travailler sur ce sujet, mais tant que des preuves tangibles ne seront pas fournies, le phénomène des rencontres extraterrestres restera une énigme qui fascine et intrigue le monde entier.

Que l'on croie ou non à ces récits, ils continuent d'alimenter notre fascination pour l'inconnu et le mystère de l'espace.

Phénomènes paranormaux et inexpliqués.

Les phénomènes paranormaux et inexpliqués englobent un vaste domaine de mystères qui défient notre compréhension actuelle de la science et de la réalité. Ces phénomènes suscitent fascination, perplexité et débat, car ils ne peuvent pas être expliqués par les lois physiques et les modèles scientifiques actuels.

Les apparitions fantomatiques sont l'un des phénomènes paranormaux les plus répandus et intrigants à travers l'histoire de l'humanité. Les témoignages de personnes affirmant avoir vu, entendu ou ressenti la présence de fantômes ou d'esprits défunts se trouvent dans de nombreuses cultures et régions du monde. Bien que ces récits puissent varier considérablement, ils partagent souvent des caractéristiques communes.

Les apparitions fantomatiques sont généralement décrites comme des silhouettes translucides, des figures humaines ou des formes indistinctes qui apparaissent soudainement, flottent ou se déplacent de manière inexplicable, puis disparaissent. Ces apparitions peuvent sembler solides ou éthérées, et elles sont parfois accompagnées de lueurs ou d'orbes lumineux.

Les témoins rapportent souvent des sensations physiques lorsqu'ils sont en présence d'une apparition. Cela peut inclure des frissons, des températures inhabituelles (chaleur ou froid intense), une sensation de picotement ou de pression sur la peau.

En plus des visions, les fantômes peuvent être associés à des sons étranges, tels que des bruits de pas, des voix, des murmures, des rires, des pleurs ou même de la musique. Ces sons sont souvent perçus sans source apparente.

Dans certains cas, les apparitions semblent capables de déplacer des objets physiques, tels que des meubles, des portes qui se ferment ou s'ouvrent d'elles-mêmes, ou des objets qui tombent inexplicablement.

Les témoins rapportent parfois des tentatives de communication de la part des apparitions. Cela peut inclure des messages écrits, des paroles audibles ou même des interactions télépathiques

Certaines apparitions semblent être des reconstitutions d'événements passés, se répétant inlassablement sans conscience ou interaction avec leur environnement.

Les apparitions fantomatiques sont souvent associées à des lieux hantés, tels que des vieux châteaux, des maisons abandonnées, des cimetières ou des sites où des événements tragiques se sont produits.

Les témoins décrivent souvent des interactions émotionnelles avec les apparitions, ressentant de la peur, de la tristesse, de la compassion ou même de la joie en leur présence.

Les explications scientifiques pour les apparitions fantomatiques sont variées, allant de la suggestion hypnotique à des phénomènes électromagnétiques, mais aucune explication définitive n'a encore été trouvée. Pour certains, ces apparitions sont le résultat de l'activité paranormale, tandis que d'autres les considèrent comme des manifestations de l'inconscient humain ou des effets de l'environnement.

Quelle que soit l'explication, les apparitions fantomatiques continuent de captiver notre imagination et de susciter des recherches et des enquêtes pour tenter de percer le mystère de ces rencontres entre le monde des vivants et le monde des esprits.

La cas de la télépathie.
La télépathie est un phénomène paranormal qui suscite depuis longtemps l'intérêt de la science, de la fiction et de la curiosité humaine. Elle se réfère à la communication directe de pensées, d'émotions, ou d'informations entre deux individus sans qu'aucun moyen de communication sensorielle traditionnelle ne soit impliqué, comme la parole, les gestes ou les expressions faciales.
Le concept de télépathie remonte à l'Antiquité et apparaît dans diverses cultures et traditions à travers le monde. Il a été associé à des pouvoirs psychiques, à la magie et à la spiritualité

Il existe différentes formes de télépathie, notamment la télépathie mentale (communication de pensées), la télépathie émotionnelle (communication d'émotions), et la télépathie intuitive (communication d'informations ou d'idées).

De nombreuses personnes prétendent avoir vécu des expériences télépathiques, où elles ont reçu des pensées ou des sentiments d'autres personnes sans communication verbale ou écrite.

La télépathie a été étudiée par la parapsychologie, une branche controversée de la psychologie qui se penche sur des phénomènes paranormaux. Cependant, la recherche sur la télépathie n'a pas encore fourni de preuves concluantes de son existence.

La télépathie fait l'objet de nombreux débats et critiques. Les sceptiques soulignent le manque de preuves empiriques solides pour étayer son existence, tandis que les partisans insistent sur la nécessité de recherches plus approfondies.

Certains soutiennent que la télépathie pourrait être une forme de communication non verbale hautement développée, basée sur la perception inconsciente de signaux subtils comme les micro-expressions faciales ou les inflexions vocales.

La parapsychologie, bien que largement marginale dans la communauté scientifique, continue de mener des expériences pour tenter de prouver l'existence de la télépathie et d'autres phénomènes paranormaux.

La télépathie est un thème populaire dans la science-fiction et la fantasy, souvent attribuée à des personnages dotés de pouvoirs psychiques.

La télépathie demeure un mystère non résolu. Alors que de nombreuses personnes prétendent avoir vécu des expériences télépathiques, la preuve scientifique solide fait défaut. Cette énigme continue de stimuler la curiosité humaine et de susciter des débats sur la nature de la conscience et des capacités mentales. Les recherches futures pourraient apporter de nouvelles perspectives sur ce phénomène mystérieux.

Les prédictions et prophéties.
Les prédictions et prophéties sont des manifestations de croyances en la capacité humaine à anticiper ou à prédire des événements futurs. Ces phénomènes ont joué un rôle significatif dans la culture, la religion et la société à travers les âges.

Les prédictions et prophéties remontent à l'Antiquité. De nombreuses civilisations anciennes, telles que les Égyptiens, les Grecs, les Romains, et les Chinois, ont eu des systèmes de divination et de prophétie.

De nombreux prophètes et visionnaires, tels que Nostradamus, Edgar Cayce, et la voyante Baba Vanga, ont acquis une renommée mondiale pour leurs prédictions supposées sur des événements futurs. Ces individus ont souvent utilisé des méthodes de divination, telles que la cartomancie, l'astrologie, ou la médiumnité.

Les religions du monde ont souvent des prophètes et des écritures sacrées qui contiennent des prophéties sur le destin de l'humanité. Par exemple, dans le christianisme, le Livre de l'Apocalypse est une série de prophéties sur la fin des temps.

Les prédictions et prophéties sont souvent vagues et ouvertes à l'interprétation. Cela signifie qu'elles peuvent être appliquées à de nombreux événements et situations différentes, ce qui les rend sujettes à des rétrodictions (l'interprétation après-coup des événements pour les faire correspondre à la prophétie).

Les prophéties ont connu à la fois des échecs retentissants et des réussites inattendues. Parfois, une prophétie peut sembler se réaliser, tandis que d'autres restent sans réponse. L'incertitude quant à leur validité continue de susciter des débats.

De nos jours, la divination reste une pratique répandue. Les horoscopes, les lectures de tarot, et les médiums continuent d'offrir des prédictions et des conseils à ceux qui les recherchent.

Les sceptiques remettent en question la validité des prédictions et prophéties, les considérant souvent comme des coïncidences ou des biais cognitifs. Ils soulignent également le rôle de la psychologie humaine dans la recherche de sens et de direction.

Nostradamus, un célèbre prophète français du XVIe siècle, est souvent cité en relation avec des événements historiques ultérieurs. Cependant, ses quatrains sont souvent cryptiques et peuvent être interprétés de multiples façons.

Plus proche de nous, Baba Vanga, de son vrai nom Vangelia Pandeva Dimitrova, était une célèbre voyante bulgare née le 31 janvier 1911 et décédée le 11 août 1996. Elle est devenue une figure emblématique dans le monde de la voyance et de la prophétie en raison de ses prédictions qui ont suscité l'attention et la curiosité à l'échelle mondiale.

Vanga a perdu la vue à l'âge de 12 ans lors d'une tempête, mais elle prétendait que cette cécité soudaine lui avait accordé des pouvoirs de voyance. Elle aurait commencé à faire des prédictions peu de temps après cet événement. Baba Vanga est devenue célèbre pour ses prédictions sur des événements mondiaux et des catastrophes naturelles. Elle aurait annoncé la montée de l'islam radical, la dissolution de l'Union soviétique, le tsunami de 2004 en Asie, les attaques du 11 septembre 2001 aux États-Unis, et même la fin du monde prévue pour le 51e siècle.

Ses prédictions ont attiré des visiteurs du monde entier, allant de simples curieux à des chefs d'État et des personnalités influentes. Elle a été consultée pour ses visions sur des sujets allant de la politique à la santé.

Les partisans de Baba Vanga la considéraient comme une visionnaire extraordinaire, tandis que les sceptiques la percevaient comme une charlatane exploitant la crédulité des gens. Certaines de ses prédictions se sont révélées exactes, mais d'autres sont restées non réalisées ou ont été interprétées a posteriori pour les faire correspondre à des événements. Après sa mort en 1996, l'héritage de Baba Vanga perdure. Ses partisans continuent de la vénérer, tandis que les chercheurs et les sceptiques examinent de près ses prédictions pour déterminer leur validité.

La voyance de Baba Vanga était basée sur des méthodes divinatoires traditionnelles, notamment l'interprétation des cartes et le recours à la clairvoyance. Elle affirmait également communiquer avec les défunts.

Les prédictions de Baba Vanga continuent de susciter des débats et des controverses. Certains estiment que ses prédictions sont trop vagues pour être significatives, tandis que d'autres les considèrent comme des avertissements du destin.

Comme Nostradamus, Baba Vanga reste une figure énigmatique et controversée dans le monde de la voyance et de la prophétie. Qu'il s'agisse de croyances ferventes en ses prédictions ou de scepticisme, son héritage continue de fasciner et de diviser les opinions. Elle demeure un exemple emblématique de la façon dont les prophètes et les voyants peuvent exercer une influence profonde sur la société et la culture.

Les prédictions et prophéties continuent de susciter l'intérêt en raison de la fascination humaine pour l'avenir et l'incertitude. Qu'il s'agisse de croyances religieuses, de pratiques divinatoires modernes ou de prédictions historiques, ces phénomènes reflètent la quête humaine pour comprendre et anticiper les événements à venir. Ils soulèvent également des questions sur la nature de la prévoyance, du destin et de la manière dont les humains cherchent à donner un sens à leur existence.

Les guérisons miraculeuses.
Les guérisons miraculeuses sont des événements extraordinaires au cours desquels une personne récupère de manière soudaine et inexpliquée d'une maladie, d'une affection médicale grave ou d'un handicap. Ces cas de guérisons inattendues ont été documentés dans de nombreuses cultures et religions à travers l'histoire, et ils continuent de susciter fascination, dévotion religieuse et intérêt scientifique.

Les récits de guérisons miraculeuses remontent à l'Antiquité. Dans de nombreuses cultures, les guérisons étaient attribuées à des divinités, des saints, des chamans ou des figures spirituelles.

Dans le christianisme, par exemple, Jésus est réputé avoir accompli de nombreuses guérisons miraculeuses au cours de son ministère. Les récits de guérisons sont également présents dans d'autres religions, comme l'islam et le bouddhisme.

Les guérisons miraculeuses sont souvent caractérisées par leur aspect spontané et inattendu. Les personnes atteintes de maladies graves peuvent, du jour au lendemain, retrouver leur santé sans aucune intervention médicale ou traitement.

Ces guérisons défient souvent toute explication médicale. Les médecins et les scientifiques peuvent être perplexes face à la récupération soudaine d'une maladie considérée comme incurable.

Dans de nombreuses cultures, la foi joue un rôle central dans les guérisons miraculeuses. Les personnes malades ou handicapées peuvent entreprendre des pèlerinages ou des actes de dévotion en espérant une guérison.

Les guérisons miraculeuses suscitent l'intérêt de la science. Des chercheurs ont enquêté sur ces cas pour tenter de comprendre les mécanismes sous-jacents et ont suggéré que des facteurs psychologiques, tels que la croyance et l'espoir, pourraient jouer un rôle.

Les guérisons miraculeuses font l'objet de critiques de la part de sceptiques qui estiment que les preuves manquent souvent pour établir leur caractère miraculeux. Ils soulignent également que de nombreux cas peuvent s'expliquer par des facteurs médicaux non compris.

Certaines guérisons miraculeuses pourraient être attribuées à des rémissions spontanées, à des traitements médicaux antérieurs, ou à des effets psychologiques tels que la relaxation profonde ou la méditation.

Les guérisons miraculeuses demeurent un mystère et un sujet de débat. Pour certaines personnes, elles sont des manifestations de la puissance divine ou spirituelle, tandis que d'autres cherchent des explications scientifiques. Quelle que soit l'interprétation, ces événements continuent de susciter l'émerveillement et l'étonnement, défiant notre compréhension de la maladie, de la guérison et de la foi.

Les expériences de mort imminente (NDE).
Les NDE sont des expériences profondément subjectives et mystérieuses qui surviennent chez certaines personnes au seuil de la mort ou lors d'une situation de mort apparente. Les NDE sont souvent décrites comme des expériences hors du corps, où l'individu a l'impression de quitter son corps physique et d'explorer un état de conscience différent.

Bien que les NDE puissent varier considérablement d'une personne à l'autre, elles partagent souvent certaines caractéristiques. Parmi les éléments fréquemment rapportés figurent la sortie du corps, la vision d'une lumière brillante, la révision de sa propre vie, la rencontre de proches décédés et un sentiment de paix et d'amour profond.

L'un des aspects les plus marquants des NDE est la sensation d'observer son propre corps depuis l'extérieur. Certaines personnes décrivent avoir vu les efforts de réanimation médicale ou les événements autour d'elles depuis une perspective hors du corps.

De nombreuses personnes rapportent avoir vu une lumière brillante et chaleureuse lors de leur NDE. Cette lumière est souvent décrite comme apaisante et accueillante, suscitant un sentiment de réconfort.

Beaucoup de ceux qui ont vécu une NDE disent avoir revu leur vie dans un flash, avec des souvenirs et des événements clés qui défilent rapidement. Cette revue est souvent accompagnée d'une auto-évaluation basée sur l'amour et la compassion.

Certaines personnes disent avoir rencontré des proches décédés lors de leur NDE, ce qui leur procure un sentiment de réconfort et de connexion.

Les expériences de mort imminente sont souvent associées à un sentiment de paix profonde, de chaleur, d'amour et d'acceptation inconditionnelle. Cela peut avoir un impact transformateur sur la personne.

Les NDE ont souvent pour effet de changer la

perspective de l'individu sur la mort. Certaines personnes les considèrent comme des preuves d'une existence après la mort, tandis que d'autres les voient comme des manifestations de la conscience humaine.

Les NDE ont fait l'objet de nombreuses études scientifiques visant à comprendre leur origine et leur signification. Les chercheurs ont avancé diverses théories, notamment des explications neurobiologiques et psychologiques.

Les NDE sont un sujet de débat dans la communauté scientifique. Certains scientifiques pensent que les explications psychologiques et neurologiques peuvent expliquer la plupart des éléments des NDE, tandis que d'autres considèrent qu'elles soulèvent des questions profondes sur la nature de la conscience et de la réalité.

Les expériences de mort imminente continuent de défier une explication définitive. Qu'il s'agisse de manifestations de la conscience humaine, de réponses neurologiques à la mort ou de fenêtres vers une réalité après la vie, les NDE suscitent l'interrogation sur la nature de la mort, de la conscience et de la spiritualité. Pour de nombreuses personnes qui les ont vécues, elles sont profondément transformantes et laissent une empreinte indélébile sur leur vision de la vie et de la mort.

La télékinésie.

Souvent abrégée en TK, est une notion qui suscite fascination et débat depuis de nombreuses années. Elle fait référence à la capacité supposée de déplacer des objets physiques sans contact physique direct, uniquement par la pensée ou la concentration mentale.

La télékinésie a été un sujet d'intérêt depuis l'Antiquité, avec des récits d'individus prétendant déplacer des objets par la seule force de leur volonté. Cependant, le terme « télékinésie » a été popularisé au XXe siècle.

La télékinésie est un thème récurrent dans la culture populaire, en particulier dans les films, les séries télévisées et les œuvres de science-fiction. Des personnages dotés de pouvoirs télékinétiques apparaissent fréquemment, ce qui renforce la fascination du public pour cette capacité.

La télékinésie est souvent associée à d'autres phénomènes paranormaux, tels que la télépathie, la clairvoyance et la précognition. Ces capacités sont collectivement regroupées sous le terme de parapsychologie.

Des chercheurs et des enquêteurs ont mené de nombreuses études sur la télékinésie, mais les résultats ont souvent été controversés. Les sceptiques soutiennent que les preuves scientifiques solides font défaut pour prouver l'existence de cette capacité.

Plusieurs théories ont été avancées pour expliquer la télékinésie. Certains pensent qu'elle pourrait être liée à des pouvoirs de l'esprit humain encore mal compris, tandis que d'autres suggèrent que des forces quantiques pourraient être en jeu.

Des cas de télékinésie présumée ont été rapportés, notamment celui de Nina Kulagina, une Russe qui prétendait pouvoir déplacer des objets à distance, et Uri Geller, un illusionniste israélien célèbre pour ses performances télékinétiques.

Les scientifiques ont rencontré d'énormes défis dans l'étude de la télékinésie en raison de son caractère souvent imprévisible et non reproductible. Les expériences ont été critiquées pour leur manque de rigueur scientifique.

Pour les partisans de la télékinésie, celle-ci représente le potentiel inexploité du pouvoir de l'esprit humain. Ils estiment que des pratiques comme la méditation et la concentration mentale peuvent renforcer cette capacité.

Les sceptiques estiment que la télékinésie est le produit d'illusions, de trucages, ou d'effets psychologiques et que les preuves en sa faveur sont insuffisantes.

La télékinésie reste un sujet de fascination et de débat, divisant la communauté scientifique et suscitant un intérêt persistant dans la culture populaire. Alors que certains considèrent la télékinésie comme une manifestation possible du pouvoir de l'esprit humain, d'autres la considèrent comme une notion relevant davantage de la fiction que de la réalité scientifique. L'étude et la compréhension de la télékinésie restent des domaines controversés et ouverts à l'investigation future.

Les événements poltergeist.
Également connus sous le nom de phénomènes poltergeist, sont des phénomènes paranormaux qui impliquent généralement des manifestations physiques inexplicables, telles que le déplacement d'objets, les bruits forts, les vibrations et d'autres perturbations dans l'environnement, souvent associées à une présence invisible ou à une activité malveillante. Ces incidents ont suscité l'intérêt de nombreuses personnes, mais ils restent un mystère non résolu.

Le mot « poltergeist » provient de l'allemand, où « poltern » signifie « faire du bruit » et

« Geist » signifie « esprit ». Il décrit donc littéralement un esprit bruyant ou turbulent.

Les manifestations poltergeist comprennent généralement des bruits soudains et violents, des objets qui se déplacent ou qui sont lancés, des coups frappés contre les murs et les meubles, et d'autres phénomènes physiques inexplicables.

Les premiers rapports sur les poltergeists remontent à l'Antiquité, mais ils ont gagné en notoriété à partir du XVIe siècle en Europe. Les cas les plus célèbres ont souvent été associés à des personnes jeunes, en particulier des adolescents en crise.

Une théorie avancée pour expliquer les poltergeists est la psychokinésie, qui suggère que les manifestations physiques sont le résultat de l'énergie psychique ou de l'esprit de personnes impliquées, souvent inconsciemment. Cela impliquerait que les manifestations sont créées par l'esprit humain plutôt que par une force extérieure.

Outre la psychokinésie, d'autres hypothèses ont été avancées pour expliquer les poltergeists, notamment les fraudes, les phénomènes naturels inconnus, les influences psychologiques et les explications psychiatriques.

De nombreux cas de poltergeists ont été

documentés, notamment le « Poltergeist de Enfield » en Angleterre dans les années 1970, qui a été largement étudié et médiatisé. D'autres cas notables incluent le « Poltergeist de Rosenheim » en Allemagne et le « Poltergeist de Bell Witch » aux États-Unis

Les événements poltergeist ont été l'objet d'enquêtes scientifiques et de recherches par des parapsychologues, des psychologues et des enquêteurs du paranormal. Cependant, les résultats sont souvent ambigus et ne permettent pas de parvenir à des conclusions définitives.

Les poltergeists sont l'objet de scepticisme et de critiques de la part de ceux qui estiment que les preuves manquent pour soutenir les revendications et que de nombreuses manifestations peuvent s'expliquer par des moyens naturels ou psychologiques.

Les événements poltergeist sont un phénomène paranormal mystérieux qui continue de susciter l'intérêt et le débat. Les explications possibles vont de la psychokinésie à des causes psychologiques ou frauduleuses, mais aucun consensus scientifique n'a été atteint pour expliquer complètement ces phénomènes. Les poltergeists demeurent donc un mystère non résolu, fascinant à la fois les chercheurs du paranormal et les amateurs de sensations fortes.

Les cercles de culture.

Les cercles de culture, également connus sous le nom de « crop circles » en anglais, sont des motifs complexes et géométriques qui apparaissent soudainement dans les champs de cultures, principalement de céréales comme le blé, l'orge et le maïs. Ces motifs sont généralement créés en aplatissant les tiges de la culture, créant ainsi des dessins visibles depuis le ciel. Les cercles de culture ont généré de nombreuses théories et controverses au fil des décennies.

Les premiers cercles de culture ont été signalés dans les années 1970 en Angleterre, mais leur origine reste un sujet de débat. Certains ont affirmé que ces motifs étaient l'œuvre d'extraterrestres, de forces paranormales ou d'une technologie inconnue. Ce qui distingue les cercles de culture, c'est leur complexité géométrique et la précision de leurs dessins. Certains cercles sont incroyablement détaillés et difficiles à reproduire par des moyens humains.

Au fil du temps, de nombreux cercles de culture ont été prouvés comme étant le résultat d'activités humaines. Des équipes d'artistes et d'enthousiastes ont avoué créer ces motifs à l'aide de planches en bois, de cordes et d'autres outils simples.

Les cercles de culture ont évolué au fil des ans, passant de simples cercles à des dessins extrêmement complexes et élaborés. Certains artistes ont utilisé cette forme d'art éphémère comme moyen d'expression.

Les cercles de culture ont attiré une grande attention médiatique et ont été largement couverts par les médias. Ils sont devenus une attraction touristique et ont suscité l'intérêt de nombreux chercheurs et curieux.

Bien que la majorité des cercles de culture soient le résultat d'activités humaines, certains continuent de soutenir des théories alternatives, telles que des phénomènes paranormaux ou extraterrestres. Cependant, ces théories manquent généralement de preuves solides.

Des chercheurs ont mené des études sur les cercles de culture pour comprendre les mécanismes de leur formation et leur impact sur les cultures. Ces études ont généralement conclu que les cercles étaient créés par des êtres humains.

Les motivations derrière la création de cercles de culture varient. Certains artistes les considèrent comme des formes d'art éphémères, tandis que d'autres cherchent à susciter des débats sur la parapsychologie ou à attirer l'attention sur des problèmes sociaux et environnementaux.

Les cercles de culture, bien qu'initialement entourés de mystère et de controverses, ont été en grande partie démystifiés. La création humaine de ces motifs est bien établie, mais ils continuent de fasciner et d'inspirer des artistes, des chercheurs et des amateurs d'énigmes. Leur histoire illustre comment un phénomène mystérieux peut évoluer au fil du temps en réponse à l'attention médiatique et à la créativité humaine.

Les synchronicités.

Les synchronicités sont des événements qui se produisent de manière apparente et significative, sans qu'il existe de lien de causalité évident entre eux. Ces coïncidences intrigantes défient généralement les explications rationnelles et donnent l'impression que le destin ou l'univers intervient d'une manière particulière.

Le terme « synchronicité » a été popularisé par le psychiatre suisse Carl Gustav Jung au XXe siècle. Jung a développé cette notion pour décrire des coïncidences qui semblaient porter une signification profonde et personnelle pour les individus.

Les synchronicités peuvent prendre de

nombreuses formes, de la réception inattendue d'un appel téléphonique d'une personne à laquelle vous pensiez, à la rencontre fortuite d'une personne dans un lieu inattendu alors que vous aviez justement besoin de son aide.

Ce qui distingue les synchronicités des simples coïncidences est la signification personnelle qu'elles revêtent pour l'individu. Elles semblent souvent liées à des questions personnelles, à des préoccupations ou à des réflexions profondes de la personne concernée.

L'interprétation des synchronicités est largement subjective. Ce qui peut sembler significatif pour une personne peut ne pas l'être pour une autre. Certains les considèrent comme des signes de l'univers, tandis que d'autres les voient comme des coïncidences aléatoires sans signification.

Jung a associé les synchronicités à la psychologie individuelle, suggérant qu'elles reflètent souvent des aspects inconscients ou des désirs profonds de la psyché. Elles peuvent également être liées aux archétypes et aux symboles universels.

Les synchronicités sont un sujet de débat entre les sceptiques et ceux qui croient en leur signification. Les sceptiques soutiennent que ces événements ne sont que des coïncidences statistiques, tandis que les croyants estiment qu'ils révèlent des lois secrètes de l'univers.

Pour certaines personnes, les synchronicités servent de guide spirituel ou de source d'inspiration. Elles peuvent les aider à prendre des décisions importantes, à trouver un sens à leur vie ou à renforcer leur foi en une force supérieure.

Malgré leur nature subjective, des chercheurs ont tenté d'étudier les synchronicités pour mieux comprendre leur origine et leur rôle dans la vie des individus. Cependant, la recherche dans ce domaine reste complexe en raison de son caractère subjectif.

Les synchronicités restent un mystère et un sujet de fascination pour de nombreuses personnes. Que l'on les interprète comme des signes spirituels, des manifestations de l'inconscient ou des coïncidences délibérées de l'univers, elles continuent d'inspirer des réflexions philosophiques et spirituelles sur la nature de la réalité et de la destinée humaine.

Bien que ces phénomènes soient souvent considérés comme relevant du paranormal, il est important de noter que la plupart d'entre eux ne disposent pas de preuves scientifiques solides pour les étayer. Ils suscitent toutefois des débats passionnés et incitent de nombreux chercheurs et enquêteurs à continuer à explorer ces mystères à la frontière de la science et de l'inconnu.

Chapitre 8

Les secrets des pyramides.

Les pyramides égyptiennes, ces majestueuses structures qui défient le temps, sont parmi les édifices les plus énigmatiques et fascinants de l'histoire de l'humanité. Érigées il y a des milliers d'années dans le désert aride de l'Égypte ancienne, ces monuments colossaux ont résisté à l'épreuve du temps et continuent d'intriguer et d'émerveiller les explorateurs modernes. En plongeant dans les mystères de ces monuments impressionnants, nous nous embarquons pour un voyage dans le passé lointain et les énigmes non résolues qui les entourent.

L'histoire des pyramides égyptiennes, les théories et les mystères.

L'histoire des pyramides égyptiennes est un voyage fascinant à travers le temps, remontant à une époque où les pharaons régnaient sur l'Égypte ancienne et où l'architecture monumentale était à son apogée. Ces structures impressionnantes sont à la fois le reflet de la puissance des pharaons et de la complexité de la civilisation égyptienne.

Lorsque nous évoquons les pyramides égyptiennes, nous pénétrons dans un héritage monumental qui transcende les siècles et demeure un témoignage impressionnant de la grandeur de l'Égypte ancienne. Ces structures imposantes, principalement utilisées comme tombeaux pour les pharaons et leurs trésors funéraires, incarnent une époque où le pouvoir divin et la quête de l'immortalité étaient au cœur de la civilisation égyptienne.

Pour comprendre l'importance des pyramides, il est essentiel de se plonger dans la mentalité de l'Égypte ancienne. Les pharaons étaient considérés comme des divinités vivantes, des intermédiaires entre les dieux et les hommes. Leur règne était marqué par une autorité absolue, et leur mort était perçue comme le début de leur voyage vers l'au-delà.

Les Égyptiens croyaient en une existence après la mort, où l'âme du défunt continuerait son voyage dans le monde des dieux. Pour assurer ce passage en douceur, ils pratiquaient la momification pour préserver le corps du pharaon, ainsi que la construction de tombeaux monumentaux, les pyramides, pour abriter son corps, ses biens précieux et ses offrandes funéraires.

Parmi les pyramides égyptiennes, celles de Gizeh sont les plus emblématiques. Érigées au cœur du plateau de Gizeh, à quelques kilomètres du Caire moderne, elles sont le fruit du règne de trois pharaons successifs de la IVe dynastie de l'Égypte antique.

La Grande Pyramide de Khéops, également connue sous le nom de pyramide de Khufu, est la plus grande et la plus célèbre de toutes. Elle s'élevait à près de 147 mètres de hauteur à l'origine, mais son sommet a depuis été partiellement démantelé. Elle est le tombeau du pharaon Khéops, dont le règne a duré environ 23 ans.

La pyramide de Khéphren est la deuxième en taille, bien qu'elle semble plus imposante lorsqu'on l'observe de loin en raison de sa position légèrement plus élevée sur le plateau. Elle est associée au pharaon Khéphren, qui était le fils de Khéops. Elle est également célèbre pour la statue du Sphinx située à proximité.

La pyramide de Mykérinos est la plus petite des trois, mais elle possède une aura particulière. Elle est dédiée au pharaon Mykérinos, qui a régné pendant la IVe dynastie. À l'intérieur de cette pyramide, une statue du pharaon a été découverte, ce qui en fait l'une des rares pyramides égyptiennes à contenir une représentation de son occupant. L'héritage monumental des pyramides égyptiennes réside non seulement dans leur taille et leur architecture impressionnantes, mais aussi dans leur signification culturelle profonde. Ces monuments symbolisent la croyance en l'immortalité, la puissance des pharaons et la persévérance de la civilisation égyptienne à travers les âges. Leurs mystères et leur beauté continuent d'attirer des explorateurs et des chercheurs du monde entier, désireux de percer les secrets de l'Égypte ancienne.

L'un des aspects les plus intrigants des pyramides égyptiennes est la question de leur construction, qui défie souvent la logique et l'imagination. Comment une civilisation ancienne, dépourvue de la technologie moderne, a-t-elle pu ériger de telles structures massives et perfectionnées ? Les bâtisseurs de l'impossible, ces hommes et ces femmes de l'Égypte antique, sont au cœur des mystères qui entourent ces monuments emblématiques. Depuis des siècles, les égyptologues, les archéologues et les chercheurs du monde entier ont proposé diverses théories pour expliquer la manière dont les pyramides ont été construites. Certaines de ces théories sont acceptées, tandis que d'autres continuent de faire l'objet de débats passionnés.

L'une des théories les plus répandues est celle de l'utilisation de rampes pour ériger les blocs de pierre vers le sommet des pyramides. Selon cette hypothèse, des rampes inclinées auraient été construites autour des pyramides, permettant aux ouvriers de faire monter les énormes blocs en utilisant la force humaine, des leviers et des cordages. Cette méthode semble plausible, mais elle pose des questions sur la manière dont de telles rampes ont été construites et sur la quantité de main-d'œuvre nécessaire.

Une théorie plus récente suggère que l'eau aurait été utilisée pour réduire la friction entre les blocs de pierre et les surfaces de glissement, facilitant ainsi leur transport. Cependant, cette théorie est également sujette à controverse et nécessite des preuves plus solides.

Certains théoriciens avancent l'idée que les Égyptiens auraient pu bénéficier de l'aide d'une technologie avancée ou même d'ingénieurs extraterrestres pour construire les pyramides. Bien que cette théorie soit largement rejetée par la communauté scientifique, elle continue de captiver l'imagination de nombreux amateurs de mystères anciens.

Outre les méthodes de construction, la question de la main-d'œuvre est essentielle pour comprendre comment les pyramides ont été érigées. Combien d'ouvriers étaient nécessaires ? Qui étaient-ils ? Étaient-ils des esclaves, des travailleurs rémunérés ou des ouvriers volontaires ?

Il est largement accepté que des milliers d'ouvriers ont été employés pour la construction des pyramides. Les estimations varient, mais il est probable que des dizaines de milliers de personnes aient été impliquées à un moment donné. Les preuves archéologiques, notamment des restes de colonies d'ouvriers près des sites de construction, étayent cette théorie.

La question de savoir si ces ouvriers étaient des esclaves ou des travailleurs volontaires fait l'objet de débats. Certains chercheurs estiment que les ouvriers étaient des travailleurs payés qui travaillaient en échange de nourriture, de logement et de protection sociale. D'autres soutiennent que les ouvriers étaient des travailleurs corvéables, notamment des paysans réquisitionnés pendant la saison des crues du Nil.

Quelle que soit la vérité sur les méthodes de construction et la main-d'œuvre, une chose est certaine : les bâtisseurs de l'impossible ont accompli des prouesses extraordinaires en créant les pyramides égyptiennes. Leur ingéniosité et leur dévouement restent un témoignage impressionnant de la capacité humaine à réaliser des exploits monumentaux, même dans les temps anciens.

Le mystère de l'architecture des pyramides égyptiennes continue de captiver l'imagination des chercheurs et des passionnés d'histoire antique. Ces monuments ne sont pas seulement des structures imposantes, ils révèlent également une sophistication architecturale exceptionnelle pour leur époque.
L'une des caractéristiques les plus fascinantes de l'architecture des pyramides est leur alignement astronomique précis. La Grande Pyramide de Khéops, en particulier, est remarquable pour sa capacité à être alignée presque parfaitement avec les points cardinaux. Les anciens Égyptiens étaient d'habiles observateurs du ciel, et leur connaissance avancée de l'astronomie se reflète dans la construction de ces monuments.
L'alignement solaire
La Grande Pyramide est alignée presque exactement avec le nord géographique, une réalisation remarquable compte tenu de

l'absence de boussoles à l'époque de sa construction. De plus, les passages internes de la pyramide sont également alignés avec des points de repère astronomiques importants, comme les solstices d'été et d'hiver. Ces alignements suggèrent que les pharaons avaient une profonde compréhension des cycles célestes et qu'ils considéraient la construction de leurs tombeaux comme une liaison entre le monde des dieux et le cosmos.

Un autre mystère réside dans la manière dont les Égyptiens ont extrait, transporté et ajusté les énormes blocs de pierre utilisés pour construire les pyramides. Les carrières de calcaire et de granit de l'Égypte antique étaient bien exploitées pour fournir ces matériaux de construction massifs. Cependant, le transport des blocs depuis les carrières jusqu'aux sites de construction soulève des questions.

Selon certaines théories, les blocs de pierre étaient transportés sur des traîneaux en bois tirés par des ouvriers. L'utilisation de lubrifiants, tels que l'eau ou du sable sec, aurait permis de réduire la friction entre les traîneaux et le sol, facilitant ainsi le transport. D'autres théories suggèrent que des rampes inclinées ont été utilisées pour faire monter les blocs jusqu'au sommet des pyramides.

Précision de la taille de pierre

La précision avec laquelle les blocs de pierre ont été taillés et ajustés reste un exploit remarquable. Les joints entre les blocs sont si fins que l'on ne peut souvent pas y glisser une feuille de papier. Cette précision a contribué à la stabilité des pyramides pendant des millénaires.

À l'intérieur des pyramides, un autre mystère persiste : la fonction des chambres funéraires. Alors que l'on suppose généralement que ces chambres étaient destinées à abriter les corps des pharaons défunts et leurs trésors, certains chercheurs ont suggéré qu'elles pourraient avoir eu une signification symbolique ou spirituelle plus profonde.

La Grande Pyramide, par exemple, comporte une chambre funéraire principale qui abritait autrefois le sarcophage du pharaon Khéops. À côté de cette chambre, il y a une chambre de la reine, bien que son rôle exact soit toujours débattu. La précision de l'architecture intérieure et les inscriptions murales ajoutent à l'énigme de ces espaces.

En plus des chambres principales, les pyramides comportent souvent des couloirs, des antichambres et des puits. L'utilisation de ces espaces reste l'un des sujets de recherche les plus actifs en égyptologie.

Le mystère de l'architecture des pyramides

égyptiennes continue d'inspirer des enquêtes scientifiques, des spéculations et des théories. Ces monuments, bien que vieux de milliers d'années, demeurent des exemples impressionnants de l'ingéniosité humaine et de la quête de l'immortalité. Ils continuent également à nourrir notre fascination pour l'Égypte ancienne et ses réalisations monumentales.

Les hiéroglyphes et les inscriptions.

L'étude des pyramides égyptiennes ne se limite pas à leur architecture imposante ; elle englobe également l'exploration de leur riche contenu symbolique et historique, notamment les hiéroglyphes et les inscriptions qui ornent ces monuments emblématiques.
Les hiéroglyphes, un système d'écriture pictographique complexe, jouent un rôle fondamental dans la compréhension de l'Égypte ancienne. Le terme « hiéroglyphe » provient du grec ancien et signifie « écriture sacrée, » ce qui reflète parfaitement le caractère sacré et rituel de cette écriture dans la civilisation égyptienne.
Les hiéroglyphes égyptiens étaient composés de nombreux symboles, représentant des objets, des animaux, des personnes et des

idées. Ces symboles étaient disposés en rangées ou en colonnes, et pouvaient être lus de gauche à droite ou de droite à gauche, en fonction de la direction dans laquelle les figures étaient tournées. Certains hiéroglyphes représentaient des sons, tandis que d'autres avaient une signification logographique, représentant des mots ou des idées.

Les hiéroglyphes étaient utilisés pour divers types de textes, allant des inscriptions monumentales sur les temples et les tombeaux aux documents administratifs, religieux et littéraires. Ils étaient également employés pour la rédaction de textes sacrés et rituels, tels que les textes des pyramides, qui guidaient les pharaons dans leur voyage vers l'au-delà.

Les hiéroglyphes jouaient un rôle crucial dans la légitimation du pouvoir des pharaons. Les inscriptions royales, souvent ornées de hiéroglyphes, démontraient la relation spéciale entre le pharaon et les dieux. Les pharaons étaient considérés comme les intermédiaires entre le monde des hommes et le monde divin, et les hiéroglyphes étaient un moyen de symboliser cette connexion.

L'un des moments les plus importants de l'égyptologie moderne a été la découverte de la pierre de Rosette en 1799 lors de l'expédition de Napoléon en Égypte. Cette pierre était inscrite en trois langues : le grec, le démotique (une forme d'écriture égyptienne tardive) et les hiéroglyphes. Cette découverte a permis aux chercheurs de déchiffrer les hiéroglyphes, car ils pouvaient utiliser le grec, une langue déjà connue, comme point de départ pour comprendre les symboles égyptiens.

Le déchiffrement des hiéroglyphes a été principalement réalisé par le savant français Jean-François Champollion au XIXe siècle. En étudiant la pierre de Rosette, Champollion a réussi à identifier certains des sons associés aux hiéroglyphes, ouvrant ainsi la voie à la compréhension de cette écriture ancienne.

Aujourd'hui, les hiéroglyphes égyptiens continuent de susciter l'intérêt et la fascination. Ils ont laissé une empreinte indélébile sur l'art, la culture et la compréhension de l'Égypte antique. Les hiéroglyphes, symboles d'une civilisation millénaire, sont également un témoignage de la persévérance des chercheurs et de leur capacité à décrypter les mystères du passé.

Les textes funéraires jouent un rôle essentiel dans la compréhension de la religion et de la spiritualité de l'Égypte antique, et ils sont étroitement associés aux hiéroglyphes et aux inscriptions que l'on trouve dans les pyramides et les tombes. Ces textes, tels que le Livre des Morts, le Livre des Portes, et bien d'autres, étaient conçus pour accompagner les défunts dans leur voyage vers l'au-delà et les protéger des dangers qui les attendaient.

Le Livre des Morts, également connu sous le nom de « Sortir au Jour » ou « Papyrus d'Ani, » est l'un des textes funéraires les plus célèbres de l'Égypte antique. Il était destiné à être placé aux côtés du défunt dans sa tombe. Le texte du Livre des Morts était composé de prières, de formules magiques et d'incantations, et il était illustré de nombreuses scènes représentant le voyage de l'âme à travers le royaume des morts.

Le Livre des Morts avait plusieurs objectifs. Tout d'abord, il devait aider le défunt à passer avec succès le jugement du dieu Osiris, où son cœur était pesé sur une balance par rapport à la plume de la déesse Ma'at, symbole de la vérité et de la justice. Si le cœur était plus léger que la plume, l'âme était autorisée à rejoindre le royaume des morts.

De plus, le Livre des Morts fournissait des instructions sur la manière de naviguer dans le royaume des morts, comment éviter les pièges tendus par les démons, et comment obtenir la protection des dieux égyptiens. Il incluait également des formules magiques pour garantir la régénération de l'âme et du corps dans l'au-delà.

En plus du Livre des Morts, il existait d'autres textes funéraires, tels que le Livre des Portes, qui décrivaient les différentes étapes du voyage de l'âme à travers le monde souterrain. Le Livre de la Terre, le Livre des Cavernes et le Livre d'Ammout étaient également des textes funéraires importants, chacun se concentrant sur des aspects spécifiques de la vie après la mort.

Ces textes funéraires avaient une profonde signification religieuse et culturelle pour les anciens Égyptiens. Ils reflétaient leur croyance en une vie après la mort, en la nécessité de préserver le corps et l'âme, et en la responsabilité des vivants de fournir les rituels et les prières nécessaires pour assurer le bien-être de leurs ancêtres défunts.

Les textes funéraires sont donc un témoignage précieux de la spiritualité égyptienne ancienne et de sa vision de l'au-delà. Ils continuent d'être étudiés et admirés pour leur beauté artistique et leur complexité symbolique, offrant un aperçu fascinant de l'âme égyptienne qui a perduré à travers les siècles.

Les inscriptions dans les chambres funéraires des pyramides égyptiennes constituent un élément essentiel pour comprendre la signification et la fonction de ces monuments en tant que tombes royales. Ces inscriptions étaient conçues pour accompagner le pharaon défunt dans sa transition vers l'au-delà et servaient plusieurs objectifs.

L'une des fonctions principales des inscriptions dans les chambres funéraires était de légitimer le règne du pharaon et de souligner sa connexion divine. Les hiéroglyphes et les inscriptions décrivaient les titres du pharaon, ses réalisations, son ascendance divine et son rôle en tant que médiateur entre les dieux et le peuple égyptien. Ces inscriptions servaient à établir le droit du pharaon à être enterré dans une pyramide, un monument associé à l'immortalité.

Les inscriptions funéraires ne se limitaient pas aux aspects spirituels, elles glorifiaient également les réalisations du pharaon pendant son règne. Les hiéroglyphes célébraient la construction de la pyramide elle-même, ainsi que les conquêtes militaires, les projets de construction et les bienfaits du pharaon pour son peuple. Ces inscriptions contribuaient à immortaliser la grandeur du souverain.

Les inscriptions dans les chambres funéraires sont un héritage culturel et religieux de l'Égypte antique. Elles révèlent la profondeur de la croyance en la vie après la mort, la conviction en la divinité des pharaons et l'importance des rituels funéraires dans la culture égyptienne. Les inscriptions dans les chambres funéraires des pyramides égyptiennes continuent d'être une source inestimable d'informations pour les égyptologues et les passionnés d'histoire, offrant un aperçu fascinant de la croyance égyptienne en l'immortalité et de sa quête pour perpétuer le règne des pharaons dans l'au-delà.

Les inscriptions et les hiéroglyphes égyptiens, bien que partiellement déchiffrés, continuent de présenter des mystères et des énigmes pour les égyptologues et les chercheurs.
Malgré les progrès réalisés dans le déchiffrement des hiéroglyphes, il reste des symboles et des signes qui demeurent inconnus ou mal compris. Les chercheurs continuent de travailler sur l'identification de ces symboles et sur leur signification exacte.
Certaines inscriptions égyptiennes présentent des textes qui ne sont pas entièrement compris. Cela concerne notamment des passages de textes religieux, des hymnes, des poèmes et des inscriptions funéraires. Déterminer leur signification précise et leur

contexte reste un défi pour les égyptologues.

Les pyramides et les temples égyptiens sont ornés d'inscriptions énigmatiques, parfois accompagnées de scènes picturales. Ces inscriptions décrivent souvent des rituels religieux, des offrandes et des invocations aux dieux. Cependant, certaines d'entre elles sont difficiles à interpréter en raison de leur complexité ou de leur nature symbolique.

Il existe des spéculations sur l'existence de codes ou de messages cachés dans certaines inscriptions et hiéroglyphes. Certains chercheurs pensent que les anciens Égyptiens pourraient avoir utilisé des techniques de cryptographie ou d'obscurcissement intentionnel pour dissimuler des informations sensibles.

Les hiéroglyphes ne sont pas seulement une forme d'écriture littérale, mais ils peuvent aussi comporter des aspects symboliques, phonétiques et idéographiques. Comprendre comment ces différents éléments se combinent dans une inscription particulière peut être complexe et sujet à interprétation.

Certaines inscriptions égyptiennes apparaissent sur des objets du quotidien, comme des poteries ou des outils. La signification de ces inscriptions sur des objets non funéraires peut encore échapper aux chercheurs, car elles sont souvent moins documentées que les inscriptions sur les monuments.

Bien que l'on ait réussi à déchiffrer les hiéroglyphes, la manière dont ils se rapportent à la langue égyptienne parlée demeure un sujet de recherche. Comprendre comment les hiéroglyphes étaient utilisés pour représenter la langue parlée et la grammaire égyptiennes est un défi linguistique continu.

Ces mystères non résolus des inscriptions et des hiéroglyphes égyptiens témoignent de la richesse et de la complexité de cette ancienne civilisation. Chaque nouvelle découverte et chaque avancée dans le domaine de l'égyptologie nous rapprochent un peu plus de la compréhension de ces écritures anciennes, mais les énigmes qui les entourent continuent d'inspirer la fascination et l'admiration pour l'Égypte antique.

Chapitre 9

Les énigmes sous-marines.

Les profondeurs de nos océans restent parmi les endroits les plus mystérieux de la planète. Les abysses océaniques, ces régions où la lumière du soleil ne peut pénétrer, abritent des secrets fascinants qui défient notre compréhension. Les abysses recèlent une biodiversité étonnante, des écosystèmes uniques et des formations géologiques énigmatiques.

Les abysses océaniques et leurs secrets.

Les poissons abyssaux sont parmi les créatures les plus énigmatiques et intrigantes des profondeurs océaniques. Leur adaptation à des conditions extrêmes et leur apparence étrange en font des protagonistes captivants de l'obscurité abyssale

Les poissons des abysses sont parfaitement adaptés à la vie dans un environnement hostile. Leur corps est souvent mou et dépourvu d'écailles, ce qui les distingue des poissons plus courants. Cette adaptation réduit leur densité, ce qui leur permet de flotter dans les eaux froides et denses des abysses sans avoir à dépenser beaucoup d'énergie pour nager.

L'une des caractéristiques les plus frappantes des poissons abyssaux est leur bioluminescence. Ils sont équipés d'organes lumineux qui émettent de la lumière pour attirer des proies, communiquer avec d'autres poissons, ou se camoufler des prédateurs. Certains poissons abyssaux, comme l'anguille abyssale, possèdent des organes lumineux le long de leur corps, créant une lueur spectaculaire dans l'obscurité.

Les poissons abyssaux sont de véritables opportunistes en matière de nourriture. Ils se nourrissent de tout ce qui passe à portée, y compris des débris de plantes, des cadavres d'animaux morts, et même d'autres poissons abyssaux plus petits. Le poisson-ogre, par exemple, est célèbre pour son appétit insatiable et sa grande bouche capable d'ingérer des proies plus grosses que lui.

Les abysses océaniques sont soumis à une pression extrême en raison de la profondeur de l'eau. Les poissons abyssaux ont développé des adaptations pour résister à cette pression, comme des structures corporelles robustes et des os plus denses. Leur vessie natatoire, l'organe qui régule leur flottabilité, est généralement remplie d'huile plutôt que de gaz, ce qui les aide à maintenir leur position à différentes profondeurs.

La reproduction des poissons abyssaux est un domaine d'étude fascinant. Certains poissons abyssaux pratiquent la reproduction par fécondation externe, où les œufs et le sperme sont relâchés dans l'eau, tandis que d'autres sont hermaphrodites, ce qui signifie qu'ils peuvent produire à la fois des œufs et du sperme. Les jeunes poissons des abysses, appelés alevins, subissent des transformations remarquables pour devenir des adultes adaptés à la vie dans les profondeurs.

Les poissons abyssaux, avec leurs adaptations uniques, leur bioluminescence éblouissante et leur rôle clé dans les écosystèmes des abysses, continuent de captiver les biologistes marins et les explorateurs sous-marins. Leur étude nous offre un aperçu fascinant de la diversité de la vie dans les océans, ainsi que de la capacité de la nature à prospérer dans les conditions les plus extrêmes de notre planète.

Les méduses bioluminescentes.
Les méduses bioluminescentes sont parmi les créatures les plus fascinantes et mystérieuses des profondeurs océaniques. Leur capacité à

produire de la lumière dans l'obscurité abyssale crée un spectacle naturel à couper le souffle.

Les méduses bioluminescentes tirent leur nom de leur capacité à produire de la lumière biologique, un phénomène qui se produit grâce à une réaction chimique à l'intérieur de leur corps. Cette lumière est souvent bleue ou verte, mais certaines méduses peuvent émettre une palette de couleurs encore plus vaste. Lorsqu'elles sont en mouvement ou perturbées, elles créent une lueur mystérieuse qui les rend particulièrement captivantes.

La bioluminescence des méduses remplit plusieurs fonctions essentielles pour leur survie. Tout d'abord, elle est utilisée pour attirer des proies. En émettant de la lumière, les méduses attirent de petits organismes planctoniques, attirés par cette source de lumière, directement dans leurs tentacules chargés de toxines. De plus, cette lumière peut être utilisée pour se défendre contre les prédateurs. Certaines méduses sont capables d'émettre des éclairs lumineux en cas de menace, ce qui peut désorienter ou aveugler leurs assaillants.

La bioluminescence des méduses est le résultat d'une réaction complexe entre une protéine lumineuse spéciale, appelée luciférase, et une molécule chimique appelée luciférine. Lorsque ces deux composants entrent en contact avec de l'oxygène, ils produisent de la lumière. La maîtrise de cette réaction chimique est essentielle pour que la méduse puisse contrôler sa capacité à émettre de la lumière.

Bien que l'on puisse trouver des méduses bioluminescentes dans diverses parties des océans, elles sont particulièrement abondantes dans les abysses océaniques, où la lumière du soleil ne pénètre pas. À ces profondeurs, les méduses bioluminescentes se mêlent à d'autres créatures des abysses, créant un véritable ballet lumineux. Leur bioluminescence est essentielle pour la communication, la chasse et l'orientation dans l'obscurité totale.

Les scientifiques continuent d'étudier les méduses bioluminescentes pour mieux comprendre les mécanismes de leur bioluminescence et leur rôle dans les écosystèmes marins. Leur capacité à produire de la lumière offre également des perspectives de recherche dans des domaines tels que la biologie moléculaire et la biotechnologie, notamment en ce qui concerne la compréhension des réactions chimiques qui sous-tendent ce phénomène naturel.

En fin de compte, les méduses bioluminescentes nous rappellent que même dans les coins les plus sombres et les plus mystérieux de nos océans, la vie peut briller de manière étonnante et inattendue.

Les vers abyssaux.
Les vers abyssaux sont des créatures énigmatiques qui habitent les profondeurs océaniques, où les conditions sont extrêmement hostiles. Leur adaptation à ce milieu unique en fait des sujets d'étude fascinants pour les scientifiques et les explorateurs marins.
Les vers abyssaux ont développé des adaptations extraordinaires pour survivre dans les abysses, où la pression est extrême, la température proche de zéro degré Celsius et la nourriture rare. L'une de leurs adaptations les plus remarquables est leur capacité à supporter la pression. Leurs tissus corporels et leurs structures anatomiques sont conçus pour résister à des pressions bien supérieures à celles que nous trouvons en surface.
L'alimentation des vers abyssaux est une affaire délicate. Dans un environnement où la nourriture est rare, ils ont développé des stratégies pour tirer parti de chaque opportunité. Certains vers abyssaux sont

détritivores, se nourrissant de particules organiques en suspension dans l'eau ou de débris organiques qui tombent des couches supérieures de l'océan. D'autres sont des prédateurs opportunistes, se nourrissant de petits animaux planctoniques ou de carcasses d'animaux morts qui tombent lentement vers le fond.

La reproduction des vers abyssaux est une question complexe dans un environnement aussi isolé et stable. Certains vers abyssaux sont hermaphrodites. Ils peuvent s'accoupler avec d'autres individus de la même espèce pour échanger du sperme. Une fois que les œufs sont fécondés, ils se développent en larves planctoniques qui dérivent dans les courants océaniques avant de se métamorphoser en adultes.

La plupart des vers abyssaux vivent dans l'obscurité totale des profondeurs océaniques. Pour compenser le manque de lumière du soleil, certains d'entre eux ont développé des organes lumineux, similaires à ceux des poissons abyssaux, pour attirer des proies ou des partenaires. Ces organes lumineux émettent une lueur faible mais suffisante pour la communication et la recherche de nourriture.

Les vers abyssaux jouent un rôle important

dans les écosystèmes des abysses. En se nourrissant de matière organique en décomposition et en recyclant les nutriments, ils contribuent à maintenir l'équilibre des cycles biogéochimiques à ces profondeurs. De plus, leur rôle de proies pour d'autres créatures des abysses est crucial pour l'équilibre prédateur-proie dans cet environnement extrême.

L'étude des vers abyssaux et de leur adaptation à la vie dans les profondeurs océaniques continue d'apporter des connaissances essentielles sur la diversité de la vie marine et sur la manière dont la nature peut s'adapter à des conditions extrêmes. Ces créatures mystérieuses, bien que rarement observées, sont un rappel de la diversité incroyable de la vie sur notre planète, même dans les endroits les plus inaccessibles de l'océan.

Les calmars géants.
Les calmars géants sont parmi les créatures les plus énigmatiques et les plus impressionnantes des profondeurs océaniques. Leurs caractéristiques physiques exceptionnelles et leur comportement intriguent les chercheurs et les explorateurs marins.

Les calmars géants, également connus sous le nom de krakens, appartiennent à la famille des Architeuthidae. Ils sont parmi les plus grands invertébrés du monde. Certains spécimens atteignent des longueurs impressionnantes de plus de 10 mètres, avec des yeux de la taille d'un ballon de basket. Leur gigantisme est une adaptation à leur environnement obscur et à la recherche de proies.

Les calmars géants sont considérés comme l'une des créatures les plus intelligentes de l'océan. Leurs cerveaux sont bien développés, et ils sont capables de résoudre des problèmes complexes et de s'adapter rapidement à leur environnement. Leurs grandes tailles de cerveau et leurs comportements suggestifs d'intelligence ont suscité l'intérêt des chercheurs.

Ces créatures sont des prédateurs redoutables des profondeurs océaniques. Leurs tentacules sont équipés de ventouses puissantes et de crochets acérés, ce qui leur permet de capturer efficacement des proies, notamment des poissons et d'autres céphalopodes. Les calmars géants utilisent leur intelligence pour chasser de manière stratégique, souvent en formant des groupes pour encercler les proies. La bioluminescence joue un rôle clé dans la vie des calmars géants. Ils sont capables de produire de la lumière biologique pour communiquer, chasser et échapper aux prédateurs. Ils peuvent émettre des éclairs lumineux pour aveugler ou désorienter leurs assaillants ou pour attirer des proies vers leurs tentacules.

La reproduction des calmars géants est un sujet complexe et mystérieux. Peu d'observations directes ont été faites en raison de leur habitat profond. On sait que les femelles pondent de grandes quantités d'œufs, qui sont fécondés par les mâles. Les larves éclosent et dérivent dans des eaux plus superficielles avant de grandir et de rejoindre les profondeurs.

L'étude des calmars géants reste un défi en raison de leur habitat inaccessible. Les sous-marins et les caméras sous-marines ont permis de recueillir des données et des images de ces créatures, mais elles demeurent largement mystérieuses. La recherche sur les calmars géants continue de susciter l'intérêt en raison de leur rôle dans les écosystèmes abyssaux et de leur place dans l'évolution de la vie marine.

Les calmars géants incarnent la magnificence et le mystère des profondeurs océaniques. Leur existence rappelle que notre planète abrite encore des créatures énigmatiques à découvrir, même dans les endroits les plus reculés et les plus inaccessibles de l'océan.

Ce qui est particulièrement fascinant chez ces créatures abyssales, c'est leur incroyable capacité d'adaptation aux conditions extrêmes de pression, de froid et de noirceur des abysses. Leur métabolisme est souvent très lent, leur permettant de survivre avec de maigres ressources alimentaires. Ils ont également développé des systèmes sensoriels spéciaux pour naviguer et chasser dans l'obscurité totale.

Chacune de ces créatures des profondeurs est une pièce unique du puzzle de la biodiversité marine, et leur étude continue d'émerveiller les scientifiques. Elles démontrent la capacité étonnante de la vie à s'épanouir même dans les environnements les plus extrêmes de notre planète, nous rappelant que l'océan reste l'un des derniers grands mystères à explorer sur terre.

Créatures inconnues des profondeurs.

Les profondeurs océaniques abritent un monde d'une incroyable diversité, et de nombreuses créatures inconnues y vivent, échappant souvent à notre connaissance en raison de la difficulté d'accès à ces endroits inexplorés.

Le blobfish
Le blobfish est l'une des créatures marines les plus étranges et méconnues de notre planète. Il a gagné en notoriété en raison de son apparence inhabituelle et de sa réputation de « visage le plus laid du règne animal », bien que cette perception soit souvent trompeuse.
Le blobfish (Psychrolutes marcidus) est une espèce de poisson des profondeurs océaniques, principalement trouvé dans les eaux profondes au large de l'Australie et de la Tasmanie. Ce poisson se distingue par son apparence inhabituelle : il a un corps mou et gélatineux, presque translucide, sans véritable structure squelettique. En raison de la pression extrême des abysses, sa forme est altérée lorsqu'il est sorti de son environnement naturel, lui donnant une apparence encore plus étrange.
Le blobfish est bien adapté à vivre à des profondeurs allant jusqu'à 1 200 à 1 300 mètres, où la pression de l'eau est des dizaines de fois supérieure à celle de la surface. Sa chair gélatineuse a une densité proche de celle de l'eau, ce qui lui permet de flotter sans dépenser d'énergie à nager. Ses muscles sont peu

développés car il n'a pas besoin de lutter contre la pesanteur à ces profondeurs.

Bien que l'alimentation précise du blobfish soit encore mal comprise, on pense qu'il se nourrit principalement de petites créatures marines telles que les crustacés et les mollusques, qui dérivent près du fond de l'océan. Sa grande bouche lui permet d'aspirer de petites proies qui passent à proximité.

Le blobfish est considéré comme une espèce de poisson vulnérable en raison de la pêche commerciale pratiquée dans ses zones d'habitat. Les filets de pêche traînants atteignent souvent les profondeurs où vit le blobfish, les capturant accidentellement. Cette espèce est également menacée par la destruction de son habitat par des activités humaines telles que la pêche profonde.

Le blobfish est devenu célèbre dans les médias et sur Internet en raison de son apparence inhabituelle et de sa réputation de poisson le plus laid du monde. Cependant, il est important de noter que son aspect grotesque lorsqu'il est sorti de l'eau ne reflète pas sa véritable apparence en milieu marin.

Le blobfish est un exemple fascinant de la diversité des formes de vie que l'on trouve dans les profondeurs océaniques, un monde encore largement méconnu. Bien qu'il puisse sembler étrange pour les normes humaines, il est une adaptation parfaitement adaptée à son environnement extrême et mérite d'être étudié et préservé pour les générations futures.

L'anguille des abysses.
Également connue sous le nom d'anguille abyssale (Abyssobrotula galatheae), est une créature fascinante qui vit dans les profondeurs océaniques, principalement dans l'océan Atlantique. Elle est considérée comme l'une des espèces les plus mystérieuses et les moins connues des abysses.
L'une des caractéristiques les plus remarquables de l'anguille des abysses est son adaptation exceptionnelle à l'obscurité des profondeurs océaniques. À de telles profondeurs, la lumière du soleil ne pénètre pas, ce qui signifie que l'environnement est totalement dépourvu de lumière. Pour s'orienter dans ce noir total, l'anguille abyssale a développé des adaptations particulières.
L'anguille des abysses possède des organes bioluminescents spéciaux le long de son corps. Ces organes émettent une lueur faible mais suffisante pour attirer des proies potentielles ou pour communiquer avec d'autres individus de la même espèce.

L'anguille des abysses présente une morphologie particulière. Elle a un corps allongé et mince, avec une grande bouche garnie de dents pointues pour saisir ses proies. Ses nageoires dorsales et pelviennes sont réduites, ce qui la rend adaptée à une vie planctonique. Ses yeux sont minuscules et peu développés, car la vision n'est pas essentielle dans l'obscurité abyssale.

L'anguille abyssale habite des profondeurs allant de 3 000 à 8 000 mètres, ce qui en fait l'une des créatures vivant le plus profondément dans les océans. Les pressions à ces profondeurs sont extrêmement élevées, et l'anguille abyssale a développé des adaptations pour supporter ces conditions extrêmes.

On pense que l'anguille abyssale se nourrit principalement de petits organismes planctoniques, de méduses et de petits poissons qui vivent dans les abysses. Sa bioluminescence lui permet d'attirer ces proies vers sa gueule béante.

Malgré les avancées dans l'exploration des abysses, de nombreux aspects de la vie et du comportement de l'anguille abyssale demeurent un mystère. Les chercheurs tentent encore de comprendre comment elle se reproduit, se déplace et interagit avec son environnement à de telles profondeurs.

L'anguille des abysses est l'un des exemples les plus remarquables de la diversité de la vie marine et de la capacité des créatures à s'adapter à des conditions extrêmes. Son existence rappelle que les profondeurs océaniques cachent encore de nombreux secrets à découvrir, et chaque nouvelle observation nous rapproche de la compréhension de cet environnement mystérieux et méconnu.

Les abyssépélages.

C'est un groupe de poissons qui vivent dans les abysses océaniques, à des profondeurs allant de 2 000 à 6 000 mètres, bien en dessous de la zone où la lumière du soleil peut pénétrer. Ces poissons sont adaptés à un environnement extrêmement sombre et présentent des caractéristiques fascinantes :

L'une des caractéristiques les plus remarquables des abyssépélages est leur capacité à produire leur propre lumière, un phénomène connu sous le nom de bioluminescence. Ils possèdent des organes lumineux appelés photophores qui contiennent des bactéries bioluminescentes. Cette lumière est utilisée pour différentes fonctions, notamment la recherche de nourriture, la communication, l'aveuglement des prédateurs et l'attirance de partenaires.

Les abyssépélages vivent à des profondeurs où la pression de l'eau est extrêmement élevée, atteignant plusieurs dizaines de fois celle de la surface. Leurs corps sont adaptés pour résister à ces pressions écrasantes. Ils ont des squelettes cartilagineux plutôt que des os durs, ce qui réduit le risque de compression sous la pression. Leurs nageoires sont souvent de petite taille, ce qui limite leur mouvement vertical et permet de conserver de l'énergie dans un environnement où les ressources sont rares.

Les abyssépélages forment un groupe diversifié de poissons comprenant de nombreuses espèces différentes. Certaines de ces espèces ont évolué pour occuper des niches écologiques spécifiques dans les abysses, ce qui signifie qu'elles ont développé des adaptations uniques pour survivre dans leur environnement particulier. Certaines abyssépélages ont des mâchoires extensibles pour capturer des proies, tandis que d'autres ont des dents pointues pour saisir des proies en suspension dans l'eau.

La reproduction des abyssépélages reste largement méconnue en raison de la difficulté d'observation à de telles profondeurs. On sait que certaines espèces de ces poissons ont des stratégies de reproduction particulières, comme la production d'œufs flottants qui dérivent vers des eaux moins profondes pour éclore.

Les abyssépélages jouent un rôle essentiel dans les écosystèmes abyssaux en tant que prédateurs et proies. Leur capacité à produire de la lumière les rend particulièrement importants pour la chaîne alimentaire des profondeurs, où la visibilité est quasiment nulle. Ils sont la proie d'autres créatures abyssales, notamment de gros poissons et de céphalopodes.

En résumé, les abyssépélages sont des poissons fascinants qui vivent dans l'un des environnements les plus extrêmes de la planète.

Les créatures filamenteuses.

Les créatures filamenteuses sont un groupe de créatures marines abyssales qui se caractérisent par la présence d'appendices filamenteux, semblables à des tentacules ou à des filaments, qui traînent derrière elles. Ces appendices servent à différentes fonctions et sont une adaptation remarquable à la vie dans les abysses.

Certains poissons abyssaux ont des appendices filamenteux qui peuvent être utilisés pour piéger des particules de nourriture en suspension dans l'eau. Ces poissons déploient leurs filaments comme des filets de pêche pour capturer de petites proies qui passent à proximité. Ces appendices sont souvent dotés de petites pointes ou de crochets pour retenir fermement leur prise.

Certaines méduses abyssales ont des tentacules filamenteux qui traînent derrière elles. Ces tentacules sont souvent équipés de cellules urticantes pour immobiliser leurs proies. Les méduses filamenteuses utilisent leur bioluminescence pour attirer des proies potentielles vers leurs tentacules et les capturer.

Les créatures planctoniques, telles que les crustacés et les larves de poissons, peuvent également avoir des appendices filamenteux. Ces filaments peuvent être utilisés pour se déplacer dans le plancton ou pour capturer des particules de nourriture en suspension dans l'eau.

Les créatures filamenteuses sont souvent adaptées à la vie planctonique, ce qui signifie qu'elles dérivent passivement avec les courants océaniques. Leurs filaments peuvent être déployés pour maximiser leur surface de capture, ce qui leur permet de se nourrir de manière efficace dans un environnement où les ressources alimentaires sont dispersées.

Comme nous l'avons déjà vu, la bioluminescence est courante chez de nombreuses créatures abyssales, y compris les créatures filamenteuses. Elles utilisent cette lumière pour attirer des proies vers leurs filaments ou pour communiquer avec d'autres membres de leur espèce.

Ces créatures filamenteuses démontrent l'extraordinaire diversité de la vie marine des abysses et les adaptations uniques qui permettent à ces créatures de survivre dans un environnement aussi extrême. Leur rôle dans la chaîne alimentaire abyssale est essentiel, car elles contribuent à la circulation des nutriments et à la régulation des populations de proies et de prédateurs dans les profondeurs de l'océan.

Ces créatures inconnues des profondeurs illustrent l'incroyable diversité de la vie marine et la capacité de la nature à s'adapter à des environnements extrêmes. L'exploration continue des abysses océaniques révélera probablement de nombreuses autres espèces encore inconnues, et chaque découverte élargira notre compréhension de cet environnement mystérieux et inexploré.

Vestiges submergés de notre histoire.

Les vestiges submergés de notre histoire sont des éléments archéologiques, historiques et culturels qui ont été engloutis par les eaux, que ce soit en raison de l'élévation du niveau de la mer, de catastrophes naturelles, ou de changements géologiques. Ces vestiges cachés sous les eaux racontent des histoires fascinantes sur les civilisations passées et sur les événements qui ont marqué notre monde.

Les villes antiques submergées sont parmi les découvertes les plus intrigantes de l'archéologie sous-marine. Ces cités englouties offrent un aperçu fascinant de la manière dont des civilisations anciennes ont prospéré et ont finalement succombé aux forces de la nature.

Alexandrie, Égypte.
Alexandrie, en Égypte, est l'une des cités antiques submergées les plus célèbres et les plus fascinantes du monde. Fondée par le légendaire roi macédonien Alexandre le Grand en 331 avant J.-C., elle est devenue l'un des centres culturels, intellectuels et commerciaux

les plus importants de l'Antiquité. Cependant, au fil des siècles, cette grande cité méditerranéenne a connu des bouleversements majeurs, y compris des catastrophes naturelles, qui ont entraîné une partie de son immersion sous les eaux.

L'une des sept merveilles du monde, le phare d'Alexandrie, était une structure architecturale emblématique de la cité. Construit sur l'île de Pharos, il servait de guide aux marins avec sa lumière visible à des kilomètres. Bien que le phare ait été détruit par un tremblement de terre au XIVe siècle, son emplacement précis reste un sujet de débat pour les chercheurs sous-marins.

La Bibliothèque d'Alexandrie était l'une des plus grandes et des plus importantes bibliothèques de l'Antiquité, abritant d'innombrables manuscrits et connaissances précieuses de l'époque. Bien que la bibliothèque elle-même ait été détruite lors de conflits et de guerres, il est possible que certains de ses trésors intellectuels aient été engloutis sous les eaux, attendant encore d'être découverts.

Les fouilles sous-marines entreprises au large de la côte d'Alexandrie ont révélé des vestiges archéologiques impressionnants. Des colonnes, des statues, des fragments architecturaux et même des objets en céramique ont été découverts dans les eaux de la baie d'Alexandrie. Ces découvertes témoignent de la richesse de la cité et de son histoire complexe.

Malgré les découvertes fascinantes, de nombreuses questions sur Alexandrie demeurent sans réponse. L'emplacement précis du phare d'Alexandrie, la nature exacte de la grande bibliothèque et l'étendue des trésors cachés sous les eaux continuent d'alimenter la curiosité des archéologues et des chercheurs du monde entier.

Alexandrie, en tant que cité antique submergée, est une source inestimable de connaissances sur l'histoire de l'Égypte ptolémaïque, de la période hellénistique et de la Rome antique. Elle représente également un défi passionnant pour les archéologues sous-marins, car elle offre un aperçu unique de la façon dont les civilisations anciennes ont interagi avec la mer et ont façonné leurs environnements côtiers.

Pavlopetri, Grèce.
Pavlopetri, située au large de la côte sud de la Grèce, est l'une des découvertes les plus précieuses de l'archéologie sous-marine en raison de son ancienneté et de sa bien

préservation. Cette cité submergée remonte à l'âge de bronze, ce qui en fait l'un des plus anciens exemples de cité submergée au monde.

Pavlopetri date d'environ 5 000 ans, ce qui signifie qu'elle existait il y a près de 3 000 ans avant notre ère. Les vestiges de la cité, y compris des bâtiments, des rues pavées et des tombes, fournissent un aperçu exceptionnel de la vie néolithique et de la planification urbaine de cette époque reculée. Cela permet aux chercheurs de mieux comprendre comment les sociétés anciennes ont évolué et se sont adaptées à leur environnement.

L'un des aspects les plus remarquables de Pavlopetri est son plan urbain bien organisé. Les rues pavées étaient disposées de manière géométrique, avec des maisons en pierre aux murs bien construits. Cela suggère une planification urbaine avancée et des compétences architecturales étonnantes pour l'époque.

Le mystère de l'immersion de Pavlopetri sous les eaux demeure sans réponse. Certains chercheurs suggèrent que des mouvements tectoniques ont provoqué la submersion de la cité.. Quelle que soit la cause, l'engouement actuel pour la recherche archéologique sous-marine permet de mieux comprendre la cité et de préserver son histoire.

Pavlopetri est désignée comme un site archéologique d'importance mondiale en raison de sa rareté et de son potentiel pour éclairer l'histoire ancienne. Les chercheurs et les archéologues sous-marins continuent de travailler sur ce site, dévoilant de nouveaux détails sur la vie dans la cité et sur la manière dont elle a été touchée par les changements environnementaux.

Pavlopetri est un exemple exceptionnel de la richesse des découvertes que les eaux profondes du passé peuvent révéler. Elle offre un regard fascinant sur la vie des civilisations anciennes et sur la manière dont elles ont interagi avec la mer. Cette cité submergée continue de captiver l'imagination et de susciter la curiosité des chercheurs du monde entier.

Baïes, Italie.

Baïes, également orthographiée "Baiae" en latin, était une station balnéaire romaine florissante située sur la côte ouest de l'Italie, près de la ville moderne de Bacoli. Cette ville antique était célèbre pour ses eaux thermales, ses villas luxueuses, ses jardins somptueux et son port animé.

Baïes était une destination de villégiature très

prisée par les Romains riches et influents pendant la république romaine et l'Empire romain. Ses eaux thermales naturelles étaient réputées pour leurs propriétés curatives et relaxantes, attirant ainsi les Romains en quête de bien-être. On y trouvait de nombreuses installations de bains publics et privés.

L'une des caractéristiques les plus remarquables de Baïes était la présence de somptueuses villas impériales appartenant à des empereurs romains tels que Jules César, Néron et Hadrien. Ces villas étaient dotées de jardins exotiques, de thermes privés et de vues panoramiques sur la mer. Elles étaient le lieu de résidence de choix pour les empereurs et les membres de la haute société romaine.

La vie à Baïes était animée, avec des activités de divertissement telles que des théâtres, des arènes pour les combats de gladiateurs et des lieux de jeu. La ville était réputée pour ses soirées luxueuses et ses fêtes somptueuses.

Malheureusement, la prospérité de Baïes ne dura pas éternellement. La montée du niveau de la mer et les activités volcaniques de la région, notamment le mont Vésuve, ont contribué à son déclin. En outre, la ville a été pillée et saccagée lors de l'invasion des Vandales au Ve siècle. Au fil des siècles, une grande partie de Baïes a été engloutie par les eaux.

Les fouilles sous-marines et terrestres ont permis de découvrir de nombreux vestiges de Baïes, y compris des statues, des mosaïques, des objets de la vie quotidienne et des parties des villas impériales. Ces découvertes ont contribué à notre compréhension de la vie dans l'Antiquité romaine et de la manière dont les Romains appréciaient leurs loisirs.

Baïes, bien qu'elle ne soit plus qu'une ombre de sa splendeur passée, demeure un témoignage fascinant de la vie dans l'Antiquité romaine et de la manière dont les civilisations anciennes profitaient de la beauté naturelle de la côte italienne. Les découvertes permanentes dans cette région continuent d'enrichir notre connaissance de l'histoire romaine et de l'interaction entre la société et l'environnement côtier.

Port-Royal, Jamaïque.

Port-Royal, située en Jamaïque, est une cité engloutie aux multiples facettes, associée à une histoire riche et à des événements dramatiques.

Port-Royal était autrefois l'un des ports les plus importants des Caraïbes au XVIIe siècle, et il était un repaire de pirates notoire. Cette ville portuaire prospère était un point de transit essentiel pour les navires commerçants européens et un refuge pour les pirates tels que Henry Morgan. La ville était également surnommée « la ville la plus méchante de la Terre » en raison de sa réputation pour la débauche et la criminalité.

En 1692, un puissant tremblement de terre secoua la région, et une grande partie de Port-Royal c'est enfoncée dans la mer. Cet événement tragique a été suivi par un tsunami qui a englouti une grande partie de la ville restante. On estime que près de 2 000 personnes ont péri dans cette catastrophe, et Port-Royal a été gravement endommagée.

Les vestiges de Port-Royal ont été redécouverts au XXe siècle, et des fouilles sous-marines ont permis de mettre au jour une grande partie de la ville engloutie. Des bâtiments, des objets du quotidien et même des squelettes ont été découverts, offrant un aperçu fascinant de la vie à Port-Royal au XVIIe siècle.

Les ruines de Port-Royal ont été déclarées patrimoine mondial de l'UNESCO en reconnaissance de leur importance historique. Les découvertes archéologiques sous-marines ont permis aux chercheurs de mieux comprendre la vie dans cette ville portuaire animée et la manière dont elle a été façonnée par les activités des pirates, le commerce maritime et la catastrophe naturelle.

Port-Royal est un exemple extraordinaire de la manière dont une cité engloutie peut révéler des détails précieux sur l'histoire maritime et l'interaction complexe entre les sociétés humaines et les forces de la nature. Cette ville jamaïcaine, autrefois célèbre pour ses pirates et son extravagance, continue de captiver l'imagination des archéologues et des chercheurs du monde entier.

Atlit-Yam, Israël.

Atlit-Yam est un site archéologique sous-marin situé au large de la côte d'Israël, près de la ville d'Atlit. Ce site a révélé des vestiges fascinants d'une ancienne communauté néolithique qui a prospéré il y a environ 9 000 ans.

Les vestiges découverts à Atlit-Yam témoignent de la vie d'une communauté néolithique très avancée. Les habitants d'Atlit-Yam vivaient de la pêche, de la chasse, de l'agriculture et de la cueillette, ce qui en fait l'une des premières sociétés à pratiquer l'agriculture et l'élevage en Israël.

Ce qui distingue Atlit-Yam, c'est la preuve de l'utilisation avancée de la technologie marine par ses habitants. Des filets de pêche sophistiqués en pierre ont été découverts, ainsi que des ancres de bateaux et des fosses utilisées pour le stockage de poissons.

L'une des énigmes d'Atlit-Yam réside dans sa disparition. La ville a été abandonnée il y a environ 8 200 ans, et il reste un débat sur les raisons de cet abandon. Certains chercheurs pensent que des changements climatiques ou des inondations ont pu entraîner la migration de la population, tandis que d'autres évoquent des facteurs sociaux ou économiques.

Les conditions de préservation exceptionnelles de l'environnement sous-marin d'Atlit-Yam ont permis de conserver de nombreux objets organiques tels que des restes de plantes, de bois et d'animaux, offrant ainsi un aperçu détaillé de la vie quotidienne de cette ancienne communauté.

Atlit-Yam est souvent qualifié de "Pompei sous-marin" en raison de l'excellente conservation de ses vestiges. Cette cité engloutie offre aux archéologues et aux chercheurs une fenêtre unique sur la vie néolithique en Méditerranée orientale et permet de mieux comprendre l'histoire ancienne de la région.

En somme, Atlit-Yam est un site archéologique sous-marin précieux qui a permis de faire progresser notre connaissance de la vie néolithique en Israël et de l'interaction entre les premières sociétés humaines et la mer Méditerranée. Les découvertes continues à Atlit-Yam continuent d'enrichir notre compréhension de l'histoire de la région et de la manière dont les communautés anciennes ont adapté leurs modes de vie à leur environnement marin.

Toutes ces cités antiques submergées sont des fenêtres sur le passé, permettant aux chercheurs de reconstituer l'histoire des civilisations perdues. Elles suscitent l'admiration et l'émerveillement, tout en rappelant la fragilité des villes humaines face aux caprices de la nature. Les fouilles sous-marines continuent de révéler de nouveaux détails sur ces cités perdues, contribuant ainsi à enrichir notre compréhension de notre histoire commune.

Épaves de navires.

Les épaves de navires sont des témoins silencieux de l'histoire maritime de l'humanité, préservées sous les eaux de mers, d'océans, de lacs et de rivières. Elles sont les vestiges immergés de bateaux qui ont coulé pour diverses raisons, allant des tempêtes aux attaques ennemies en passant par les accidents. L'étude des épaves de navires, également connue sous le nom d'archéologie maritime, offre un aperçu précieux de l'histoire de la navigation, du commerce, et des cultures passées

Les épaves de navires sont des fenêtres ouvertes sur le passé, permettant aux chercheurs et aux passionnés d'explorer et de comprendre des périodes historiques passées. Elles nous donnent un aperçu des technologies de navigation, des méthodes de construction de bateaux et des matériaux utilisés à différentes époques.

De nombreuses épaves de navires datent de batailles navales célèbres. Elles fournissent des informations cruciales sur les tactiques militaires de l'époque, les armements et les stratégies employés par les forces navales.

Certaines épaves renferment des trésors, notamment des pièces de monnaie, des bijoux, des œuvres d'art et d'autres objets de valeur. Ces trésors attirent souvent l'attention des chasseurs de trésors.

Chaque épave raconte une histoire humaine. Les restes humains, les objets personnels et les effets personnels retrouvés à bord des navires permettent de reconstituer la vie des marins, des passagers et des marchands de l'époque.

L'étude des épaves de navires est une branche

de l'archéologie sous-marine. Les archéologues sous-marins plongent pour explorer ces sites, documenter leurs découvertes et préserver les artefacts historiques.

Les épaves de navires sont également des outils éducatifs précieux. Elles servent à enseigner l'histoire, l'archéologie, la biologie marine et la conservation environnementale. Les expositions et les musées maritimes permettent au public d'en apprendre davantage sur ces découvertes fascinantes.

La préservation des épaves de navires est essentielle pour protéger ces trésors historiques. Les autorités et les organisations travaillent ensemble pour limiter l'accès aux épaves afin de prévenir le pillage et la dégradation.

Malgré des décennies de recherche, de nombreuses questions sur les épaves de navires restent sans réponse. Les circonstances exactes de leur naufrage, les causes et les détails de leur histoire continuent d'alimenter la curiosité et l'imagination.

Les épaves de navires sont des vestiges précieux de notre passé maritime, offrant une fascinante plongée dans l'histoire. Elles continuent d'attirer les chercheurs, les plongeurs, les historiens et les amateurs d'aventure du monde entier, prêts à explorer les profondeurs pour découvrir les secrets qu'elles renferment.

Chapitre 10

À la recherche de l'inconnu.

L'exploration moderne de l'inconnu

L'histoire de l'exploration humaine a été marquée par une quête incessante de comprendre et de conquérir l'inconnu. Cependant, même à l'ère moderne, il reste de vastes territoires inexplorés sur notre planète, des mystères insaisissables dans les profondeurs de l'océan, et des recoins de l'univers que nous n'avons qu'effleurés.

Les profondeurs abyssales de l'océan

Les profondeurs abyssales de l'océan sont parmi les environnements les plus mystérieux et inexplorés de notre planète. Malgré les progrès de la technologie, ces régions demeurent largement méconnues, et chaque plongée dans ces abysses révèle de nouvelles découvertes étonnantes.

Les profondeurs abyssales se trouvent à des kilomètres sous la surface de l'océan, où la lumière du soleil ne pénètre pas. Cette obscurité totale crée un environnement extrêmement hostile pour toute forme de vie. De plus, la pression à ces profondeurs est ahurissante, atteignant des dizaines de milliers de fois la pression atmosphérique à la surface. Malgré ces conditions extrêmes, des formes de vie uniques ont été découvertes dans les abysses océaniques. Parmi elles figurent des poissons munis de dents effrayantes et de photophores lumineux pour chasser dans le noir, des méduses bioluminescentes qui génèrent leur propre lumière, et des vers abyssaux adaptés à la pression écrasante.

Les profondeurs abyssales abritent des écosystèmes étonnants où les créatures tirent leur subsistance des nutriments qui dérivent des couches supérieures de l'océan. Des sources hydrothermales, émettant de l'eau chaude riche en minéraux, soutiennent des communautés biologiques uniques. Ces écosystèmes fascinants révèlent comment la vie peut s'adapter et prospérer dans les conditions les plus hostiles.

Les explorateurs des profondeurs abyssales utilisent des sous-marins et des robots équipés de technologies avancées pour accéder à ces régions inexplorées. Leurs expéditions ont permis de collecter des échantillons de la faune, de la flore et de l'eau de mer à des fins de recherche scientifique.

Malgré les découvertes fascinantes, de nombreux mystères demeurent dans les abysses océaniques. Les scientifiques cherchent à comprendre comment ces créatures survivent dans un environnement aussi hostile, comment elles évoluent et comment elles interagissent au sein de ces écosystèmes. L'étude des profondeurs abyssales continue de susciter l'admiration et la curiosité.

Les profondeurs abyssales de l'océan nous rappellent que notre planète est bien plus complexe et diversifiée que nous ne pouvons l'imaginer. Elles nous incitent à poursuivre notre exploration des mystères sous-marins, en espérant un jour comprendre pleinement ces environnements fascinants et les formes de vie énigmatiques qui y résident.

Les recoins cachés de la forêt vierge.

Ces régions forestières épaisses et luxuriantes, souvent appelées jungles, abritent une variété impressionnante d'espèces végétales et animales, dont de nombreuses demeurent encore inconnues de la science.

Les forêts vierges sont célèbres pour leur incroyable diversité biologique. On y trouve une multitude d'espèces animales et végétales, certaines uniques à ces écosystèmes. Des jaguars et des tigres aux oiseaux exotiques aux couleurs vives en passant par une multitude d'insectes et de plantes, ces forêts regorgent de vie.

Les forêts vierges sont composées de multiples strates, de la canopée dense en haut aux étages inférieurs, créant des écosystèmes complexes et interconnectés. Chaque strate abrite une variété spécifique de créatures, des espèces d'arbres aux animaux terrestres et volants. Ces écosystèmes sont souvent en équilibre délicat, où chaque organisme joue un rôle crucial.

Malgré des décennies d'exploration, de nombreuses espèces restent encore à découvrir dans les recoins cachés de la forêt vierge. Les chercheurs découvrent régulièrement de nouvelles espèces d'insectes, d'amphibiens, de plantes et même de mammifères. Cela souligne à quel point ces environnements demeurent mystérieux et riches en surprises.

Les forêts vierges sont souvent le foyer de peuples autochtones qui vivent en harmonie avec leur environnement depuis des générations. Leurs connaissances traditionnelles sur les plantes médicinales, les techniques de chasse et la préservation de la biodiversité sont précieuses pour la science moderne et la conservation.

Malheureusement, les forêts vierges sont menacées par la déforestation due à l'exploitation forestière, à l'agriculture intensive et à d'autres activités humaines. La perte de ces écosystèmes entraîne la disparition de nombreuses espèces et perturbe les cycles naturels.

La recherche scientifique dans les forêts vierges est en constante évolution. Les scientifiques étudient la biodiversité, les cycles biogéochimiques, le changement climatique et les interactions entre les espèces pour mieux comprendre ces écosystèmes uniques et les protéger.

En somme, les recoins cachés de la forêt vierge sont des trésors naturels qui recèlent encore de nombreux mystères. Ils nous rappellent l'importance de préserver ces écosystèmes précieux et de continuer à explorer et à étudier ces environnements fascinants pour mieux comprendre notre planète.

Les étoiles lointaines et l'univers profond.

Les étoiles lointaines et l'univers profond sont des domaines fascinants de l'astronomie qui nous plongent dans les mystères de l'univers au-delà de notre propre système solaire. Ces vastes étendues cosmiques sont remplies de phénomènes célestes énigmatiques et de questions fondamentales sur la nature de l'univers.

Lorsque nous regardons le ciel nocturne, nous voyons les étoiles qui peuplent notre galaxie, la Voie lactée. Cependant, l'univers est bien plus vaste que cela. Des milliards de galaxies, chacune contenant des milliards d'étoiles, s'étendent à perte de vue. L'univers observable s'étend sur des milliards d'années-lumière, et il est en constante expansion, ce qui soulève des questions sur son origine et son destin ultime.

Les étoiles sont des sphères brûlantes de gaz qui traversent diverses étapes de leur cycle de vie, allant de la naissance dans d'immenses nuages de gaz et de poussière à la mort en tant que supernovae ou naines blanches. La fusion nucléaire au cœur des étoiles génère la lumière et la chaleur que nous percevons depuis la terre, mais les détails de ces processus sont complexes et continuent d'être étudiés.

Les étoiles massives peuvent s'effondrer sur elles-mêmes à la fin de leur vie, formant des objets étranges et mystérieux tels que les trous noirs et les étoiles à neutrons. Les trous noirs sont si denses que rien, pas même la lumière, ne peut échapper à leur attraction gravitationnelle. Les étoiles à neutrons sont des résidus extrêmement denses de certaines supernovae.

L'une des quêtes les plus passionnantes de l'astronomie moderne est la recherche de planètes situées dans la zone habitable de leurs étoiles, où les conditions pourraient permettre la présence d'eau liquide, un ingrédient essentiel à la vie telle que nous la connaissons. La découverte de milliers d'exoplanètes a élargi notre compréhension de la diversité des systèmes planétaires.

L'univers est composé en grande partie de matière noire et d'énergie sombre, deux entités mystérieuses dont la nature exacte demeure largement inconnue. La matière noire ne peut être détectée que par ses effets gravitationnels, tandis que l'énergie sombre semble être responsable de l'accélération de l'expansion de l'univers.

Pour explorer ces mystères, les astronomes utilisent des télescopes terrestres et spatiaux équipés de technologies de pointe, tels que le télescope spatial Hubble et les observatoires terrestres géants. Ces instruments permettent des observations précises et des découvertes spectaculaires.

L'astronomie est en constante évolution, avec

de futurs projets tels que le télescope spatial James Webb, destiné à révolutionner notre compréhension de l'univers. L'exploration humaine de l'espace, y compris des missions habitées vers Mars, promet également d'apporter de nouvelles réponses aux questions cosmiques.

Les étoiles lointaines et l'univers profond nous défient constamment avec leurs mystères infinis. L'étude de ces domaines élargit notre compréhension de la nature de l'univers et nous inspire à poursuivre notre quête de connaissances sur les étoiles, les galaxies et les phénomènes célestes qui nous entourent.

Mystères non résolus et aventures à venir.

Malgré les progrès de la science, de nombreux mystères subsistent. Les civilisations perdues, les phénomènes paranormaux, les énigmes géologiques et les objets célestes non identifiés continuent de susciter notre curiosité. Ces défis non résolus nous incitent à poursuivre l'exploration et à entreprendre de nouvelles aventures.

Les vestiges de civilisations anciennes, comme les Mayas, les Égyptiens ou les habitants de l'île de Pâques, renferment encore des secrets inexpliqués. Les archéologues cherchent à comprendre comment ces sociétés ont atteint des niveaux de sophistication surprenants et pourquoi elles ont finalement décliné. (voir chapitre 3 et 8).

Les énigmes géologiques.

Les énigmes géologiques sont des phénomènes terrestres qui défient souvent notre compréhension de la manière dont la planète fonctionne. Ces mystères géologiques nous rappellent que la Terre est un endroit en constante évolution, où des processus complexes et parfois surprenants se produisent.
La Terre est ornée de formations rocheuses étonnantes qui défient parfois l'explication.
Par exemple, les colonnes de basalte hexagonales de la Chaussée des Géants en Irlande sont l'une des formations géologiques les plus célèbres et mystérieuses au monde. Ces colonnes, composées de basalte, une roche volcanique, sont remarquables pour leur forme hexagonale régulière et leur disposition parfaitement agencée. Leur origine remonte à environ 50 à 60 millions d'années, lorsque l'Irlande était une région volcaniquement active.
L'histoire de ces colonnes commence par des

éruptions volcaniques massives. Le basalte en fusion a jailli du sol sous forme de lave, recouvrant la région environnante.

Ce qui rend la Chaussée des Géants unique, c'est que le basalte s'est refroidi rapidement au contact de l'eau de mer, créant ainsi des contractions thermiques rapides. Ce refroidissement rapide a provoqué le phénomène de solidification en colonnes hexagonales.

Les colonnes hexagonales se sont formées en raison de la manière dont le basalte s'est fissuré et a rétréci en se refroidissant. Les fractures se sont propagées de manière géométriquement régulière, donnant naissance à ces structures hexagonales remarquables.

La Chaussée des Géants est également entourée de légendes. Selon la mythologie irlandaise, cette formation serait le résultat d'une bataille entre le géant irlandais Fionn mac Cumhaill et le géant écossais Benandonner. Les colonnes auraient été créées pour former un chemin que Fionn aurait emprunté pour affronter son rival.

Les colonnes de basalte de la Chaussée des Géants sont un exemple extraordinaire de la manière dont les forces géologiques et les processus naturels peuvent créer des formations surprenantes. Elles sont inscrites au patrimoine mondial de l'UNESCO et attirent des visiteurs du monde entier, qui viennent admirer ce chef-d'œuvre de la nature.

Ces colonnes de basalte sont un rappel saisissant de la complexité et de la beauté de notre planète, et elles illustrent à quel point la Terre est capable de produire des formations géologiques fascinantes et mystérieuses.

Les processus géologiques qui façonnent la surface de la Terre sont complexes et interconnectés. Par exemple, le cycle du carbone joue un rôle clé dans la régulation du climat, mais il reste encore beaucoup de questions à résoudre sur la façon dont il fonctionne et comment il est affecté par les activités humaines.

Bien que nous comprenions les mécanismes généraux derrière les tremblements de terre et les éruptions volcaniques, de nombreux détails restent inexpliqués. Par exemple, pourquoi certaines zones sont-elles sujettes à des séismes fréquents, tandis que d'autres restent relativement stables ?

La formation des montagnes est un domaine complexe de la géologie. Comment des chaînes de montagnes majestueuses comme l'Himalaya ont-elles été créées ? Et pourquoi certaines montagnes continuent-elles de grandir tandis que d'autres s'usent avec le temps ?

Certaines énigmes géologiques sont associées à des événements soudains et cataclysmiques. Par exemple, l'impact d'un astéroïde ou d'une comète sur la Terre a été responsable de plusieurs extinctions massives dans le passé.

L'activité humaine, qu'il s'agisse de l'extraction de ressources, de la construction d'infrastructures ou du changement climatique, exerce une pression significative sur la géologie de la Terre. Comprendre les conséquences de nos actions sur l'environnement géologique est essentiel pour la préservation de notre planète.

Les énigmes géologiques nous montrent que la Terre est un lieu complexe et dynamique, où les processus naturels interagissent en permanence pour créer des phénomènes surprenants et souvent mystérieux. L'exploration continue de ces énigmes par les géologues et les scientifiques contribue à notre compréhension de la planète que nous appelons notre « maison ».

La quête éternelle pour comprendre notre monde.

L'exploration de l'inconnu est une quête éternelle ancrée dans notre nature humaine. Chaque nouvelle découverte suscite de nouvelles questions, stimulant notre soif de connaissance et d'aventure. À travers les âges, les explorateurs ont bravé l'inconnu pour élargir nos horizons et enrichir notre compréhension du monde qui nous entoure.

La curiosité insatiable est l'un des moteurs essentiels de la quête de l'humanité pour comprendre les mystères du monde qui l'entoure. C'est un trait inné qui nous pousse à explorer, à découvrir et à percer les énigmes qui nous entourent.

La curiosité est la soif de connaissances sous toutes ses formes. C'est ce qui pousse les scientifiques à mener des expériences, les explorateurs à s'aventurer dans des régions inexplorées et les chercheurs à poser des questions fondamentales. Cette soif de connaissances nous a permis de faire des avancées remarquables dans des domaines tels que la science, la technologie, la médecine et l'art.

La curiosité nous pousse à explorer l'inconnu, que ce soit les profondeurs de l'océan, les recoins cachés de la forêt, les étoiles lointaines ou les mystères géologiques de la Terre. Elle nous incite à repousser les limites de notre compréhension et à découvrir des mondes qui étaient autrefois impensables.

La curiosité nous pousse à résoudre des énigmes. Les mystères qui nous entourent, qu'ils soient d'ordre naturel, historique, ou scientifique, nous intriguent et nous incitent à rechercher des réponses. Cela se manifeste dans la résolution de crimes, l'archéologie pour comprendre les civilisations perdues, et les enquêtes scientifiques pour percer des phénomènes inexpliqués.

La curiosité stimule l'innovation et la créativité. Lorsque nous nous posons des questions et que nous cherchons des réponses, cela nous pousse à penser de manière nouvelle et à créer de nouvelles solutions. De nombreux progrès technologiques et artistiques ont vu le jour grâce à la curiosité insatiable de l'homme.

La curiosité insatiable contribue à l'évolution de la connaissance humaine. Les découvertes d'aujourd'hui deviennent les bases de connaissances pour les générations futures. C'est un processus continu de remise en question, d'exploration et d'apprentissage.

La curiosité insatiable est un élément fondamental de notre nature humaine. Elle nous pousse à sortir de notre zone de confort, à remettre en question le statu quo et à chercher constamment à comprendre notre monde. C'est cette curiosité qui alimente notre désir de découvrir les mystères de notre monde, de percer les énigmes qui nous entourent, et de poursuivre notre quête éternelle pour comprendre et explorer notre univers.

L'héritage des explorateurs est un rappel puissant de l'impact durable que les découvreurs et aventuriers ont eu sur notre monde. Leurs exploits ont non seulement repoussé les frontières géographiques, mais ont aussi façonné la façon dont nous comprenons notre planète et son histoire.

Les explorateurs ont ouvert de nouveaux horizons géographiques, repoussant les limites de la connaissance humaine. Leurs voyages audacieux ont permis de cartographier des terres inconnues, de découvrir de nouvelles cultures et de comprendre la diversité de notre monde. Grâce à leurs efforts, les cartes du monde ont été continuellement mises à jour, dévoilant des régions autrefois inexplorées.

Les découvertes des explorateurs ont contribué à l'avancement des sciences. Les naturalistes, botanistes et géologues qui ont accompagné les expéditions ont enrichi notre compréhension de la faune, de la flore et de la géologie de la Terre. Leurs observations ont donné naissance à de nouvelles théories et à des avancées significatives dans des domaines tels que la biologie, la géologie et l'anthropologie.

Les premiers explorateurs ont souvent été témoins de la beauté naturelle de terres encore préservées et ont contribué à sensibiliser à l'importance de la préservation de ces environnements. Leurs récits et leurs images ont inspiré des mouvements de conservation qui ont conduit à la création de parcs nationaux et à la protection de la faune et de la flore dans le monde entier.

Les récits des explorateurs ont inspiré de nombreuses générations futures à suivre leurs traces et à entreprendre de nouvelles explorations. Ils ont montré que l'audace, la détermination et la curiosité peuvent nous emmener vers des horizons inattendus. De nombreux scientifiques, aventuriers et voyageurs modernes ont puisé leur inspiration dans les récits des grands explorateurs.

Les explorateurs ont permis de mieux comprendre les peuples et les cultures du monde. Leurs interactions avec les populations autochtones ont favorisé les échanges culturels et la découverte de modes de vie différents. Cela a contribué à promouvoir la tolérance, le respect des diversités culturelles et la compréhension entre les peuples.

L'héritage des explorateurs est un rappel de l'importance de préserver notre planète et de continuer à explorer les merveilles naturelles et culturelles qu'elle offre. Les explorateurs du passé ont tracé la voie pour de futures aventures et découvertes, nous rappelant que la quête de l'inconnu est une part essentielle de l'histoire humaine.

Cet héritage des explorateurs est un hommage à l'esprit de découverte, à la soif de connaissances et à la capacité de l'humanité à se confronter à l'inconnu. Il continue de nous inspirer à explorer, à préserver notre planète et à repousser les frontières de notre compréhension du monde qui nous entoure.

La promesse de l'avenir.

La promesse de l'avenir réside dans la poursuite de notre quête pour comprendre notre monde et les mystères qui l'entourent.

L'une des aventures les plus excitantes de la promesse de l'avenir est l'exploration spatiale. Les agences spatiales du monde entier, comme la NASA, SpaceX et d'autres, travaillent sur des missions visant à découvrir les mystères de l'univers, à explorer d'autres planètes et à rechercher des signes de vie extraterrestre. Les futurs astronautes et chercheurs spatiaux s'apprêtent à ouvrir de nouveaux chapitres dans notre compréhension de l'univers.

La promesse de l'avenir réside également dans les avancées constantes de la recherche scientifique. Les scientifiques explorent des domaines tels que la génétique, la nanotechnologie, l'intelligence artificielle, et bien d'autres, ce qui ouvre des perspectives fascinantes sur la compréhension de la vie, de la matière et de l'univers lui-même.

La promesse de l'avenir comprend également notre engagement à préserver notre planète. Alors que nous prenons conscience des défis environnementaux auxquels nous sommes confrontés, de nombreuses personnes et organisations travaillent à trouver des solutions durables pour protéger notre maison commune. Cela comprend la conservation de la biodiversité, la lutte contre le changement climatique et la préservation des écosystèmes fragiles.

L'avenir promet également une meilleure compréhension des cultures et des peuples du monde. Grâce aux avancées des communications et aux voyages internationaux, nous avons la possibilité d'apprendre les uns des autres, de célébrer nos diversités culturelles et de favoriser une plus grande tolérance et compréhension entre les nations.

La promesse de l'avenir, c'est aussi l'innovation et la créativité constantes de l'humanité. Les progrès technologiques et artistiques continueront de repousser les limites de ce que nous pouvons accomplir. De nouvelles inventions, œuvres d'art, musiques, films et idées émergeront pour enrichir nos vies et élargir notre compréhension du monde. Enfin, la promesse de l'avenir réside dans la persévérance humaine. Au fil de l'histoire, nous avons surmonté d'innombrables défis et obstacles. Notre capacité à relever ces défis, à nous adapter et à continuer d'explorer l'inconnu est une source d'inspiration. Quels que soient les mystères que nous rencontrons, notre détermination à les résoudre est une promesse pour l'avenir.

Alors que nous regardons vers l'avenir, nous pouvons être assurés que la quête pour comprendre les mystères de notre monde et de l'univers se poursuivra, ouvrant de nouvelles portes vers la connaissance et l'aventure.

En clôture de ce voyage captivant à travers les mystères de notre monde, en tant que reporter-journaliste et humble exploratrice de ces énigmes, je tiens à partager ma motivation et ma passion. Mon parcours dans la quête de comprendre l'inexpliqué est guidé par une fascination profonde pour notre planète et son histoire incommensurable. L'inconnu m'appelle de ses murmures et de ses secrets, me poussant à rechercher des réponses là où d'autres voient peut-être seulement l'obscurité. Chacun des mystères que j'ai explorés a été une invitation à repousser les limites de notre compréhension et à célébrer la richesse de la diversité du monde. Dans cette modestie face à l'inconnu, je réalise que nous sommes tous des apprentis explorateurs, empreints de curiosité et d'émerveillement pour les merveilles cachées de notre monde. Que notre quête continue, que nos esprits restent ouverts, et que les mystères qui restent à découvrir continuent de nous inspirer et de nous unir.

Donnez vie à votre lecture

Vous venez de terminer À la découverte des mystères de notre monde.
Si ce voyage vous a émerveillé, fait réfléchir ou simplement diverti, prenez un instant pour partager votre ressenti.

Votre avis sur Amazon est précieux.
Il aide ce livre à rencontrer de nouveaux lecteurs et à continuer de faire voyager les esprits curieux.

Quelques mots suffisent pour faire la différence.

Scannez le QR code ci-dessous et laissez votre avis dès maintenant.
Votre témoignage contribuera à prolonger l'aventure et à faire briller la curiosité de chacun.

Merci !